NOUVELLE MÉTHODE

POUR APPRENDRE FACILEMENT LE LATIN,

OU

ÉLÉMENS

DE

LA GRAMMAIRE LATINE,

RÉDIGÉS

POUR L'ANALYSE.

par l'abbé Aveline.

Prix : 1 fr. 60 c. cart.

METZ,

IMPRIMERIE DE PIERRET.

M. DCCC. XXIV.

SE VEND,

A PARIS,
chez Aug.[te] DELALAIN, Imprimeur-Libraire, rue des Mathurins-Saint-Jacques, n.° 5;
chez ADRIEN LECLERE, Imprimeur-Libraire, quai des Augustins.

A LYON, chez RUSAND, Libraire, Imprimeur du ROI, rue Mercière.

A METZ,
chez L. DEVILLY, Libraire, rue du Petit-Paris;
chez COLLIGNON, Imprimeur-Libraire, rue des Clercs;
chez V.[e] THIEL, Libraire, place Saint-Jacques, n.° 4.

AVERTISSEMENT.

CETTE GRAMMAIRE est plus courte et plus complète que celle de Lhomond ; elle est fondée sur ses exemples, tous les cours de thèmes peuvent s'y adapter.

1. Les déclinaisons des Noms offrent des modèles pour toute espèce d'Adjectif; les Adjectifs sont rapportés aux Noms; les Pronoms adjectifs sont accompagnés de toutes leurs significations. Les Pronoms employés substantivement au neutre ont des modèles de déclinaison.

Le système conjugatif est neuf. La mise en tableau facilite la mémoire; elle donne le moyen de faire des comparaisons, de saisir les analogies et les différences. La division des temps en *présens* et en *passés* a été adoptée comme le moyen qui développe le mieux la dérivation (*). Les numéros abrègent les noms des temps : le *présent* s'appelle *temps* 1 ; le *parfait* s'appelle *temps* 2 ; l'*Imparfait* s'appelle *temps* 3, etc.

La formation des temps s'apprend par quelques remarques. Le passif, si l'on veut, se forme sans modèle. L'Infinitif est réduit à sa dernière expression. Les Gérondifs reçoivent toutes les formes du Participe futur employé substantivement au neutre.

Après les quatre conjugaisons viennent les définitions des différentes espèces de Verbes, et la manière de les rapporter aux conjugaisons. Le Verbe *Eo* paroît comme modèle des Verbes neutres qui prennent en françois l'auxiliaire *être* à leurs temps composés. *Imitor* donne le modèle d'un Verbe déponent actif; *utor*, d'un Verbe déponent neutre. Les Participes passés sont *actifs*, *passifs* ou *neutres*, selon la nature de leur Verbe.

(*) D'après cette division on reconnoît que,

Le temps 1 est un présent absolu;	Le temps 2 un passé absolu;
Le temps 3 est un présent relatif à un passé ;	Le temps 4 un passé relatif à un passé ;
Le temps 5 est un présent relatif à un futur ;	Le temps 6 un passé relatif à un futur.

Le Verbe dérivé du Participe futur et vulgairement appelé *futur composé* ou *prochain*, paroît sous le nom d'*obligatif*, et prépare des règles simples pour son emploi dans la Syntaxe. Son impersonnel se trouve avec les autres Verbes de cette espèce. Enfin on reconnoît un Impersonnel gérondif dans les Verbes neutres.

La Lexigraphe comprend les mots irréguliers qu'il faut d'abord connoître; les autres sont renvoyés en forme de notes à la fin du livre. La Syntaxe et la Méthode forment deux parties à peu près égales.

2. La Syntaxe comprend presque tous les élémens nécessaires à l'analyse de la phrase latine. Ses règles sont simples; elles servent pour le thême dès que l'Elève conçoit ce que c'est que le régime d'un Nom, d'un Adjectif, d'un Verbe, etc., ce qu'on entend par une Proposition régime ou un Verbe subordonné.

L'accord du Gérondif avec le régime est traité dans une seule remarque. Les relatifs n'ont qu'une règle, pour l'accord; leur cas est résolu par les règles des régimes. Les Prépositions ont leurs règles de régime. La Syntaxe de l'Infinitif et celle du Subjonctif font suite à la Syntaxe de régime. Le prétendu *que* retranché a disparu. L'emploi des temps de l'Infinitif est résolu par quatre règles générales; les exemples font connoître les règles particulières. L'emploi des temps du Subjonctif ordinaire ou *Obligatif* est résolu par des règles qui donnent tous les cas de cet emploi.

3. La Méthode ne contient de règles de Syntaxe, que celles qui gagnent à être développées par le françois. Tout ce qui a rapport aux Pronoms *suî*, *sibi*, *se*, ou *suus*, *a*, *um*, y est d'abord traité comme une suite des Verbes subordonnés. La Méthode des Participes et celle des Adverbes de quantité, présentent un travail neuf ou perfectionné. Les locutions françoises comprennent des articles qui s'y rapportent mieux qu'à la Méthode syntaxique. L'exemple suffit souvent pour indiquer la tournure à prendre.

4. Le latin des exemples est présenté dans une colonne à droite, afin qu'on puisse le parcourir rapidement

saisir de suite un exemple cherché, ou à sa vue résoudre la règle et la fixer dans sa mémoire.

5. Les règles sont annoncées par un premier exemple, où il est facile de reconnoître leur objet, parce que les mots dont il y est question sont imprimés en caractères différens.

6. Les règles sont numérotées pour former un langage abrégé d'indications et d'analyse, comme on va voir.

Analyse chiffrée.

En supposant que :

1 signifie Nom qui s'accorde en cas.
2 .... Régime d'un Nom. GÉNITIF.
3 .... Adjectif qui s'accorde en g.^{re}, en n.^{re} et en cas.
5 .... Régime d'un Adjectif. GÉNITIF.
14 .... Verbe qui s'accorde en n.^{re} et en personne.
15 .... Régime d'un Verbe actif. ACCUSATIF.
16 .... Régime d'un Verbe neutre. DATIF.
21 .... Régime indirect. DATIF.
32 .... Régime d'un Verbe passif. ABL. avec *à* ou *ab*.
40 .... Infinitif régime d'un Verbe ordinaire.
46 .... Infinitif présent changé en Participe présent.
48 .... Ablatif absolu.
49 .... Régime d'une Préposition. ACCUSATIF.
67 .... Imparf. du Subj. après la conjonction *quùm*.
75 .... Verbe subordonné mis à l'Infinitif.
80 .... Emploi de *fore* ou *futurum esse*, etc.
81 .... Verbe subordonné au Subj. avec *ut* ou *ne*.
99 .... Emploi de *futurum sit*, etc.
105 .... Pronom *se* exprimé par *suî*, *sibi*, *se*.
113 .... *Son*, *sa*, *ses* exprimés par *suus*, *a*, *um*.
137 .... Participe qui se joint au régime.
138 .... Participe à suppléer.
146 .... *Que* ou *combien* exprimé par *quantùm*.
207 .... *Il faut* exprimé par l'Obligatif, etc., etc.

Il est évident que ces numéros donneront l'analyse, soit de la version, soit du thême : dans l'un ils indiqueront la règle suivie ; dans l'autre, la règle à suivre.

ANALYSE DE LA VERSION.

L'Analyse de la Version se fera en mettant au-dessus de chaque mot latin le numéro de la règle appliquée.

Le Sujet Nominatif sera désigné par une croix, †.

Le Sujet Accusatif par 15 et une croix, 15†.

La 1.re Remarque d'une règle sera désignée par le numéro de cette règle plus un *a*; la 2.e Remarque par le numéro de la règle plus un *b*. Les lettres *c*, *d*, *e*, indiqueront la 3.e, la 4.e, la 5.e Remarque.

Un *Nota* sera désigné par une étoile, *.

Quand un mot se rapportera à plusieurs règles, on exprimera tous les numéros de ces règles.

EXTRAITS DE L'*Epitome Historiæ Sacræ.*

† 14 15 15 59 3 49 3 56 14
Deus creavit cœlum et terram intrà sex dies. Primo die fecit
15 14 15 43.15 14 15 14 15
lucem. Fecit firmamentum quod vocavit cœlum. Coegit aquas
61 3 4 14 27 50 15 14 15 43†
in unum locum. Eduxit è terrâ plantas. Fecit aves quæ voli-
14 60 51 14 43.21 15 3.45 14 43.15 23
tant in aere. Dedit illi animam viventem. Fecit illum ad simi-
49 3.113 14 13.15 23 50 43.2 115 3.45.137
litudinem suam. Detraxit unam è costis ejus dormientis.
† 3 2 14 4b.1 14 60 3 †
Nomen primæ mulieris fuit Eva. Erant ibi omnes arbores ju-
3 11 14.72 3 15 14 †
cundæ aspectu. Si comedas illum fructum, morieris. Mulier
3.45 3 33 14 21 14 21 74 14.92
decepta his verbis, obtulit viro. Porrexit mihi ut ederem.
14 15 3.148 28 14 54 15 3.52a 133
Afficiam te multis malis. Præferebat manu gladium igneum. Hic
14 4.5 133 4.1 3d.15 † 14 14 16
fuit pastor ille agricola. Quod Caïnus ægrè tulit. Invides fratri.
3d.118 21 3 15† 75.77 14 †
Nuntiatum est Josepho eosdem viros advenisse. Jussit Josephus
43.15† 75.76.117 14 85 92.117 30 50
eos introduci. Metuebant ne arguerentur de pecuniâ. Jus-
14 43.15† 74b 3 26 92 3.126 33 75 43.18
serat eos, quò meliore vultu essent, iisdem cibis ali, quibus
3.126a 14
ipse vescebatur.

ANALYSE DU THÊME.

L'Analyse du Thême se fera comme celle de la Version, en indiquant, par des numéros placés sur les mots, la règle qu'il faudra appliquer. Après la dictée, l'Elève la fera à haute voix, pour les mots connus, le Maître la fera pour les mots ou les tours de phrases inconnus. Il sera bien de désigner aussi par des abbréviations les mots invariables sans régime.

Un mot à supprimer sera désigné par un *zéro*, o.

Un mot à changer sera désigné par une *m*.

EXTRAITS DU COURS DE THÊMES DE *THEBAUT*.

† 1 3 o 49 14
Cicéron, Orateur célèbre parmi les Romains, a écrit des
15 3 o 14 o 26 3 o 14
ouvrages estimables. Il étoit d'une constance distinguée. Il sauva
15 o 1 60 51 3 o
la ville de Rome dans des circonstances très-difficiles. Il pra-
14 o 15 1 3 60 o 51 3 o
tiquoit la justice, vertu très-précieuse dans une république. Il
14 *adv.* o 50 183 49 o 15
plaidoit souvent devant les Juges, pour protéger les citoyens
3 o 49 o 14 41 o 3
honnêtes contre les ambitieux. Il alla entendre les grands
15 o 2 o 1 41 o 3
Orateurs de la ville d'Athènes, et voir les plus beaux monu-
15 3 2 3 o 14 *adv.* 61 51 o
mens de cette ville célèbre. Il revint ensuite dans la ville de
1 166 *m* † 38 o 14 *adv.* 16
Rome. Si vous avez besoin de moi, j'irai avec plaisir vous
41 o † 2 14 o 15 40*a*
servir. Les bergers de l'antiquité passoient les jours à chanter
o 15 3 o 2 3
les plaisirs innocens de la vie champêtre.

o 14 o o 15† 75.76 *adv.* o 15
Je sais que les jeunes gens lisent plus souvent les poëtes
12 o 15 *conj.* o *adv.* 14 o.15† 75.76 o
que les Orateurs, mais je ne crois pas qu'ils préfèrent les
15 3 21 3 o † 3 14
poëtes anciens aux poëtes modernes. Un père sage conseille à
3.108 21 74 81.92 3.118 15 *conj.* o 15.1
ses enfans de conserver leur innocence comme un trésor.

L'Analyse est le meilleur moyen qu'on puisse employer pour hâter dans une langue les progrès des Elèves. Comme j'ai dirigé mes efforts vers ce but important, j'espère que le Public daignera accueillir favorablement cet Ouvrage.

Fautes d'impression à corriger au crayon.

Page	*ligne*	*on lit:*	*corrigez:*
4,	5,	Puerum,	Pueros.
11,	14.	Voccatif,	Vocatif.
13,	à la fin,	*Cubile,*	*Corpus.*
21,	3,	*aliquid,*	*aliquod.*
—	30,	*celles-là,*	*celles-ci.*
23,	7,	*Equidnam,*	*Ecquidnam.*
—	19,	de trois,	des trois.
63,	Remarq.	du passif,	d'un Verbe passif.
76,	6,	qu'il doit,	qu'il doive.
82,	Remarq.	mettent,	met.
89,	7,	Umò,	Imò.
92,	Nota,	*tournez:*	*se tourne par:*
124,	20,	marque,	parle.
131,	5,	(24),	(30).
—	7,	promener,	nous promener.
136,	à la fin,	Je sais,	Je ne sais.
149,	Nota,	*Ipse sibi,*	*Sibi ipse.*
157,	7,	vous de,	vous ne.
159,	14,	vous ai vu,	vous aie vu.
—	Règ. 146,	*Quùm, tùm,*	*Quàm, tàm.*
—	—	*nimiùm,*	*nimiùm.*
164,	3,	de science que de modestie,	de modestie que de science.
166,	8,	vitieux,	malheureux.
183,	à la fin,	(18),	(81).
189,	n.° 19,	Accusatif,	Ablatif.
—	n.° 25,	Accusatif,	Ablatif.

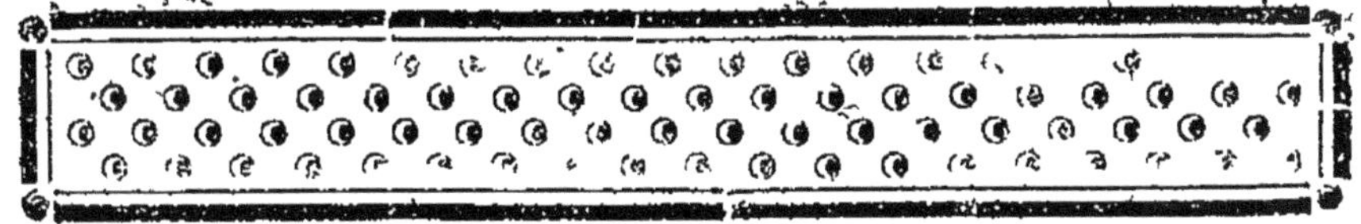

GRAMMAIRE LATINE.

PREMIÈRE PARTIE.

LEXIGRAPHIE,

OU

DES FORMES DES MOTS.

Différentes espèces de Mots.

IL y a en latin neuf espèces de mots; savoir :

Le Nom,	le Verbe,	la Préposition,
l'Adjectif,	le Participe,	la Conjonction,
le Pronom,	l'Adverbe,	l'Interjection

PREMIÈRE ESPÈCE DE MOTS.

DU NOM.

Le Nom est un mot qui sert à nommer une personne ou une chose, comme *Petrus*, Pierre; *Paulus*, Paul; *liber*, le livre; *domus*, la maison; *virtus*, la vertu.

Il y a dans les Noms deux nombres : le *singulier* et le *pluriel*. Un Nom est au *singulier*, quand il exprime une seule personne ou une seule chose, comme *homo*, l'homme; *rosa*, la rose. Un Nom est au *pluriel*, quand il exprime plusieurs personnes ou plusieurs choses, comme *homines*, les hommes; *rosæ*, les roses.

En latin le Nom change sa dernière syllabe : ainsi *rosa*

fait *rosæ*, *rosam*, *rosarum*, *rosas*, *rosis*; ces différentes manières de terminer un Nom s'appellent *Cas.*

Il y a en latin six Cas pour chaque Nombre; savoir : le *Nominatif*, le *Génitif*, le *Datif*, l'*Accusatif*, le *Vocatif* et l'*Ablatif.*

Réciter la Suite de tous les Cas d'un Nom, cela s'appelle *décliner.*

Il y a en latin cinq *Déclinaisons* différentes, que l'on distingue par le Génitif singulier et pluriel.

PREMIÈRE DÉCLINAISON.

Les Noms de la première Déclinaison ont le Génitif singulier en *æ*, et le Génitif pluriel en *arum.*

SINGULIER FÉMININ.

Nominatif.	Ros a,	*la Rose.*
Génitif.	Ros æ,	*de la Rose.*
Datif.	Ros æ,	*à la Rose.*
Accusatif.	Ros am,	*la Rose.*
Vocatif.	ô Ros a,	*ó Rose.*
Ablatif.	Ros â,	*de la Rose.*

PLURIEL FÉMININ.

Nominatif.	Ros æ,	*les Roses.*
Génitif.	Ros arum,	*des Roses.*
Datif.	Ros is,	*aux Roses.*
Accusatif.	Ros as,	*les Roses.*
Vocatif.	ô Ros æ,	*ô Roses.*
Ablatif.	Ros is,	*des Roses.*

AINSI SE DÉCLINENT :

Statua, *æ*, la Statue. *Porta*, *æ*, la Porte.
Hora, *æ*, l'Heure. *Mensa*, *æ*, la Table.

REMARQUE. Au pluriel, le Datif et l'Ablatif sont toujours semblables. Ils sont terminés en *is*, pour les 1.re et 2.e Déclinaisons; en *ibus*, pour les 3.e et 4.e Déclinaisons; en *ebus*, pour la 5.e Déclinaison.

DEUXIÈME DÉCLINAISON.

Les Noms de la deuxième Déclinaison ont le Génitif singulier en *i*, et le Génitif pluriel en *orum*.

SINGULIER MASCULIN.

Nominatif.	Domin us,	*le Seigneur.*
Génitif.	Domin i,	*du Seigneur.*
Datif	Domin o,	*au Seigneur.*
Accusatif.	Domin um,	*le Seigneur.*
Vocatif.	ô Domin e,	*ô Seigneur.*
Ablatif.	Domin o,	*du Seigneur.*

REMARQUE. Dans toutes les Déclinaisons, excepté au singulier en *us* de la seconde, le Vocatif est semblable au Nominatif.

PLURIEL MASCULIN.

Nominatif.	Domin i,	*les Seigneurs.*
Génitif.	Domin orum,	*des Seigneurs.*
Datif.	Domin is,	*aux Seigneurs.*
Accusatif.	Domin os,	*les Seigneurs.*
Vocatif.	ô Domin i,	*ô Seigneurs.*
Ablatif.	Domin is,	*des Seigneurs.*

AINSI SE DÉCLINENT :

Hortus, *i*, le Jardin.
Lupus, *i*, le Loup.
Avus, *i*, le Grand-Père.
Populus, *i*, le Peuple.

Noms de la deuxième Déclinaison qui ont le Nominatif en r.

SINGULIER MASCULIN.

Nominatif.	Puer,	*l'Enfant.*
Génitif.	Puer i,	*de l'Enfant.*
Datif.	Puer o,	*à l'Enfant.*
Accusatif.	Puer um,	*l'Enfant.*
Vocatif.	ô Puer,	*ô Enfant.*
Ablatif.	Puer o,	*de l'Enfant.*

REMARQUE. Du Génitif se forment tous les autres Cas, excepté le Vocatif qui doit être semblable au Nominatif.

PLURIEL MASCULIN.

Nominatif.	Puer i,	*les Enfans.*
Génitif.	Puer orum,	*des Enfans.*
Datif	Puer is,	*aux Enfans.*
Accusatif	Puer um,	*les Enfans.*
Vocatif.	ô Puer i,	*ô Enfans.*
Ablatif	Puer is,	*des Enfans.*

AINSI SE DÉCLINENT ;

Magister, *tri*, le Maître. *Aper*, *apri*, le Sanglier.
Liber, *bri*, le Livre. *Vir*, *viri*, l'Homme.

Nom neutre de la deuxième Déclinaison.

Il y a en françois deux genres, le *masculin* et le *féminin* ; il y a en latin un troisième genre que l'on appelle *neutre*. Dans les deux langues, les noms d'hommes ou de mâles sont du genre masculin, comme *Famulus*, le Serviteur ; *Leo*, le Lion : les noms de femmes ou de femelles sont du genre féminin, comme *Famula*, la Servante ; *Leæna*, la Lionne. Les noms de choses inanimées prennent leur genre d'après l'usage : le genre de ces noms est indiqué dans le Dictionnaire par une *m* pour le *masculin* ; par une *f* pour le *féminin* ; par une *n* pour le *neutre*.

SINGULIER NEUTRE.

Nominatif.	Templ um,	*le Temple.*
Génitif.	Templ i,	*du Temple.*
Datif.	Templ o,	*au Temple.*
Accusatif.	Templ um,	*le Temple.*
Vocatif.	ô Templ um,	*ô Temple.*
Ablatif.	Templ o,	*du Temple.*

PLURIEL NEUTRE.

Nominatif.	Templ a,	*les Temples.*
Génitif.	Templ orum,	*des Temples.*
Datif.	Templ is,	*aux Temples.*
Accusatif.	Templ a,	*les Temples.*
Vocatif.	ô Templ a,	*ô Temples.*
Ablatif.	Templ is,	*des Temples.*

AINSI SE DÉCLINENT :

Brachium, *ii*, le Bras. *Vitium*, *ii*, le Vice.
Exemplum, *i*, l'Exemple. *Bellum*, *i*, la Guerre.

TROISIÈME DÉCLINAISON.

Les Noms de la troisième Déclinaison ont le Génitif singulier en *is*, et le Génitif pluriel en *um* ou *ium*.

SINGULIER FÉMININ.

Nominatif	Soror,	*la Sœur.*
Génitif.	Soror is,	*de la Sœur.*
Datif.	Soror i,	*à la Sœur.*
Accusatif.	Soror em,	*la Sœur.*
Vocatif	ô Soror,	*ô Sœur.*
Ablatif.	Soror e,	*de la Sœur.*

PLURIEL FÉMININ.

Nominatif	Soror es,	*les Sœurs.*
Génitif.	Soror um,	*des Sœurs.*
Datif.	Soror ibus,	*aux Sœurs.*
Accusatif.	Soror es,	*les Sœurs.*
Vocatif	ô Soror es,	*ô Sœurs.*
Ablatif.	Soror ibus,	*des Sœurs.*

AINSI SE DÉCLINENT :

Labor, *oris*, le Travail. *Homo*, *inis*, l'Homme.
Miles, *itis*, le Soldat. *Pater*, *tris*, le Père

SINGULIER FÉMININ.

Nominatif.	Av is,	*l'Oiseau.*
Génitif.	Av is,	*de l'Oiseau.*
Datif.	Av i,	*à l'Oiseau.*
Accusatif.	Av em,	*l'Oiseau.*
Vocatif.	ô Av is,	*ô Oiseau.*
Ablatif.	Av e,	*de l'Oiseau.*

PLURIEL FÉMININ.

Nominatif.	Av es,	*les Oiseaux.*
Génitif.	Av ium,	*des Oiseaux.*
Datif.	Av ibus,	*aux Oiseaux.*
Accusatif.	Av es,	*les Oiseaux.*
Vocatif.	ô Av es,	*ô Oiseaux.*
Ablatif.	Av ibus,	*des Oiseaux.*

AINSI SE DÉCLINENT :

Mensis, *is*, le Mois; *Cœdes*, *is*, le Carnage; *Nox*, *noctis*, la Nuit; et la plupart des autres monosyllabes.

Noms neutres de la troisième Déclinaison.

	SINGULIER NEUTRE.	
Nominatif.	Corpus,	*le Corps.*
Génitif.	Corpor is,	*du Corps.*
Datif	Corpor i,	*au Corps.*
Accusatif.	Corpus,	*le Corps.*
Vocatif	ô Corpus,	*ô Corps.*
Ablatif.	Corpor e,	*du Corps.*
	PLURIEL NEUTRE.	
Nominatif.	Corpor a,	*les Corps.*
Génitif.	Corpor um,	*des Corps.*
Datif	Corpor ibus,	*aux Corps.*
Accusatif.	Corpor a,	*les Corps.*
Vocatif.	ô Corpor a,	*ô Corps.*
Ablatif.	Corpor ibus,	*des Corps.*

AINSI SE DÉCLINENT :

Tempus, *oris*, le Temps, *Lumen*, *inis*, la Lumière.
Caput, *itis*, la Tête. *Olus*, *eris*, le Légume

	SINGULIER NEUTRE.	
Nominatif.	Cubile,	*le Lit.*
Génitif.	Cubil is,	*du Lit.*
Datif.	Cubil i,	*au Lit.*
Accusatif.	Cubile,	*le Lit.*
Vocatif.	ô Cubile,	*ô Lit.*
Ablatif.	Cubil i,	*du Lit.*
	PLURIEL NEUTRE.	
Nominatif.	Cubil ia,	*les Lits.*
Génitif.	Cubil ium,	*des Lits.*
Datif.	Cubil ibus,	*aux Lits.*
Accusatif.	Cubil ia,	*les Lits.*
Vocatif.	ô Cubil ia,	*ô Lits.*
Ablatif.	Cubil ibus,	*des Lits.*

Ainsi se déclinent les Noms neutres en *e*, *al*, *ar*, comme : *Mare*, *is*, la Mer. *Animal*, *alis*, l'Animal. *Calcar*, *aris*, l'Éperon.

REMARQUE. Dans tous les Noms neutres, le Nominatif, l'Accusatif et le Vocatif sont semblables : au pluriel, ces trois Cas sont toujours terminés en *a* ou *ia*.

QUATRIÈME DÉCLINAISON.

Les Noms de la quatrième Déclinaison ont le Génitif singulier en *ûs*, et le Génitif pluriel en *uum*.

SINGULIER MASCULIN.

Nominatif.	Fruct us,	*le Fruit.*
Génitif.	Fruct ûs,	*du Fruit.*
Datif.	Fruct ui,	*au Fruit.*
Accusatif.	Fruct um,	*le Fruit.*
Vocatif.	ô Fruct us,	*ô Fruit.*
Ablatif.	Fruct u,	*du Fruit.*

PLURIEL MASCULIN.

Nominatif.	Fruct us,	*les Fruits.*
Génitif	Fruct uum,	*des Fruits.*
Datif.	Fruct ibus,	*aux Fruits.*
Accusatif.	Fruct us,	*les Fruits.*
Vocatif.	ô Fruct us,	*ô Fruits.*
Ablatif.	Fruct ibus,	*des Fruits.*

AINSI SE DÉCLINENT :

Vultus, *ûs*, le Visage.
Currus, *ûs*, le Char.
Exercitus, *ûs*, l'Armée.
Manus, *ûs*, la Main.

REMARQUE. Au pluriel des trois dernières Déclinaisons, il y a toujours trois Cas semblables, le Nominatif, l'Accusatif et le Vocatif.

Nom neutre de la quatrième Déclinaison.

REMARQUE. Le singulier ne se décline pas; ainsi l'on dit : *Cornu*, la Corne, de la Corne, à la Corne, la Corne, ô Corne, de la Corne.

PLURIEL NEUTRE.

Nominatif.	Corn ua,	*les Cornes.*
Génitif.	Corn uum,	*des Cornes.*
Datif.	Corn ibus,	*aux Cornes.*
Accusatif.	Corn ua,	*les Cornes.*
Vocatif.	ô Corn ua,	*ô Cornes.*
Ablatif.	Corn ibus,	*des Cornes.*

AINSI SE DÉCLINENT :

Genua, *uum*, les Genoux.
Tonitrua, *uum*, les Tonnerres.

CINQUIÈME DÉCLINAISON.

Les Noms de la cinquième Declinaison ont le Génitif singulier en *ei*, et le Génitif pluriel en *erum*.

SINGULIER FÉMININ.

Nominatif	Res,	*la Chose.*
Génitif.	Rei,	*de la Chose.*
Datif.	Rei,	*à la Chose.*
Accusatif.	Rem,	*la Chose.*
Vocatif.	ô Res,	*ô Chose.*
Ablatif.	Re,	*de la Chose.*

PLURIEL FÉMININ.

Nominatif.	Res,	*les Choses.*
Génitif.	Rerum,	*des Choses.*
Datif.	Rebus,	*aux Choses.*
Accusatif.	Res,	*les Choses.*
Vocatif.	ô Res,	*ô Choses.*
Ablatif.	Rebus,	*des Choses.*

AINSI SE DÉCLINENT :

Spes, *spei*, l'Espérance. *Species*, *ei*, l'Apparence.
Facies, *ei*, la Face. *Dies*, *ie*, le Jour.

TABLEAU des terminaisons des cinq Déclinaisons.

	1.ère	2.e		3.e		4.e		5.e
	f.	*m.*	*n.*	*m. et f.*	*n.*	*m.*	*n*	*f.*
SINGULIER.								
Nom.	a.	us-r.	um.	*	*	us.		es.
Gén.	æ.	i.		is.		ûs.		ei.
Dat.	æ.	o.		i.		ui.		ei.
Acc.	am.	um.	um.	em.	*	um.		em.
Voc.	a.	e-r.	um.	*	*	us.		es.
Abl.	â.	o.		e (i).	e, i.	u.		e.
PLURIEL.								
Nom.	æ.	i.	a.	es.	a, ia.	us.	ua.	es.
Gén.	arum.	orum.		um, ium.		uum.		erum
Dat.	is.	is.		ibus.		ibus.		ebus.
Acc.	as.	os.	a.	es.	a, ia.	us.	ua.	es.
Voc.	æ.	i.	a.	es.	a, ia.	us.	ua.	es.
Abl.	is.	is.		ibus.		ibus.		ebus.

REM. Le Nominatif des Noms de la 3.e Déclinaison n'étant pas fixe, il est désigné avec ses Cas semblables par cette étoile *.

DEUXIÈME ESPÈCE DE MOTS.

DE L'ADJECTIF.

L'Adjectif est un mot qu'on ajoute au Nom pour marquer la qualité ou la forme d'une personne ou d'une chose, comme *bonus*, bon ; *pulcher*, beau ; *niger*, noir.

On connoît en latin qu'un mot est Adjectif, quand il varie sa terminaison ou sa déclinaison selon les genres.

Les Adjectifs se déclinent sur les Noms des trois premières Déclinaisons.

Adjectifs de la 1.re et de la 2.e Déclinaison.

us, a, um.

Les Adjectifs en *us*, *a*, *um*, comme *Bonus*, *a*, *um*, se déclinent sur *Dominus*, pour le *m.*; sur *Rosa*, pour le *f.*; sur *Templum*, pour le *n.*

SINGULIER.

	m.	f.	n.		
Nom.	Bon us,	a,	um,	*le bon,*	*la bonne.*
Gén.	Bon i,	æ,	i,	*du bon,*	*de la bonne.*
Dat.	Bon o,	æ,	o,	*au bon,*	*à la bonne.*
Acc.	Bon um,	am,	um,	*le bon,*	*la bonne.*
Voc.	Bon e,	a,	um,	*ô bon,*	*ô bonne.*
Abl.	Bon o,	â,	o,	*du bon,*	*de la bonne.*

PLURIEL.

Nom.	Bon i,	æ,	a,	*les bons,*	*les bonnes.*
Gén.	Bon orum,	arum,	orum,	*des bons,*	*des bonnes.*
Dat.	Bon is,	is,	is,	*aux bons,*	*aux bonnes.*
Acc.	Bon os,	as,	a,	*les bons,*	*les bonnes.*
V.	ô Bon i,	æ,	a,	*ô bons,*	*ô bonnes.*
Abl.	Bon is,	is,	is,	*des bons,*	*des bonnes.*

AINSI SE DÉCLINENT :

Sanctus, *a*, *um*, Saint, e.
Magnus, *a*, *um*, Grand, e.
Malus, *a*, *um*, Mauvais, e.
Parvus, *a*, *um*, Petit, e.

r, a, um.

Les Adjectifs en *r*, *a*, *um*, comme *Niger*, *nigra*, *nigrum*, se déclinent sur *Puer*, pour le *m.*; sur *Rosa*, pour le *f.*; sur *Templum*, pour le *n.*

SINGULIER.

	m.	*f.*	*n.*		
Nom.	Niger,	a,	um,	*le noir*,	*la noire.*
Gén.	Nigr i,	æ,	i,	*du noir*,	*de la noire.*
Dat.	Nigr o,	æ,	o,	*au noir*,	*a la noire.*
Acc.	Nigr um,	am,	um,	*le noir*,	*la noire.*
V. ô	Niger,	a,	um,	*ô noir*,	*ô noire.*
Abl.	Nigr o,	â,	o,	*du noir*,	*de la noire.*

PLURIEL.

Nom.	Nigr i,	æ,	a,	*les noirs*,	*les noires.*
Gén.	Nigr orum,	arum,	orum,	*des noirs*,	*des noires.*
Dat.	Nigr is,	is,	is,	*aux noirs*,	*aux noires.*
Acc.	Nigr os,	as,	a,	*les noirs*,	*les noires.*
V. ô	Nigr i,	æ,	a,	*ô noirs*,	*ô noires.*
Abl.	Nigr is,	is,	is,	*des noirs*,	*des noires.*

AINSI SE DÉCLINENT :

Pulcher, *a*, *um*, Beau, belle. *Piger*, *a*, *um*, Paresseux, euse.
Liber, *era*, *erum*, Libre. *Miser*, *era*, *erum*, Malheureux, euse.

Adjectifs de la 3.e Déclinaison.

is, e.

Les Adjectifs en *is*, *e*, comme *Fortis*, *forte*, se déclinent sur *Avis*, pour le *m.* et le *f.*; sur *Cubile*, pour le *n.*

SINGULIER.

	m. f.	*n.*		
Nom.	Fort is,	e,	*le fort*,	*la forte.*
Gén.	Fort is,		*du fort*,	*de la forte.*
Dat.	Fort i,		*au fort*,	*à la forte.*
Acc.	Fort em,	e,	*le fort*,	*la forte.*
V. ô	Fort is,	e,	*ô fort*,	*ô forte.*
Abl.	Fort i,		*du fort*,	*de la forte.*

REMARQUE. Les Cas qui ne sont point exprimés au neutre, sont communs aux trois Genres.

PLURIEL.

Nom.	Fort es,	ia,	*les forts,*	*les fortes.*
Gén.	Fort ium,		*des forts,*	*des fortes.*
Dat.	Fort ibus,		*aux forts,*	*aux fortes.*
Acc.	Fort es,	ia,	*les forts,*	*les fortes.*
V. ô	Fort ibus,	ia,	*ô forts,*	*ô fortes.*
Abl.	Fort ibus,		*des forts,*	*des fortes.*

Ainsi se déclinent :

Utilis, *e*, Utile | *Facilis*, *e*, Facile.
Levis, *e*, Léger, e. | *Omnis*, *e*, Tout, e.

er, is, e.

Les Adjectifs en *er*, *is*, *e*, comme *Celeber*, *is*, *e*, Célèbre, se déclinent comme *fortis*, *e*, mais le Nominatif et le Voccatif masculins singuliers sont terminés en *er* ou en *is*.

s ou x.

Les Adjectifs d'une seule terminaison pour les trois genres, comme *Prudens*, *Felix*, se déclinent sur *Avis*, pour le *m.* et le *f.*; sur *Cubile*, pour le *n.*

SINGULIER.

	m. f.	*n.*				
Nom.	Prudens,		*le*	*prudent.*	*la*	*prudente.*
Gén.	Prudent is,		*du*		*de la*	
Dat.	Prudent i,		*au*		*à la*	
Acc.	Prudent em,	prudens,	*le*		*la*	
V. ô	Prudens,		*ô*		*ô*	
Abl.	Prudent e *ou* i,		*du*		*de la*	

PLURIEL.

Nom.	Prudent es,	ia,	*les*	*prudens.*	*les*	*prudentes.*
Gén.	Prudent ium,		*des*		*des*	
Dat.	Prudent ibus,		*aux*		*aux*	
Acc.	Prudent es,	ia,	*les*		*les*	
V. ô	Prudent es,	ia,	*ô*		*ô*	
Abl.	Prudent ibus,		*des*		*des*	

Ainsi se déclinent :

Audax, *acis*, Hardi, e. | *Sapiens*, *tis*, Sage.
Velox, *ocis*, Prompt, e. | *Felix*, *icis*, Heureux, euse.

FORMATION
du Comparatif et du Superlatif françois.

On forme le Comparatif françois, en mettant *plus* devant l'Adjectif ou l'Adverbe ; ainsi l'Adjectif *saint* fait au Comparatif *plus saint ;* l'Adverbe *saintement* fait au Comparatif *plus saintement.*

On forme le Superlatif françois, en mettant *le plus*, *très*, *fort*, *bien*, etc., devant l'Adjectif ou l'Adverbe : ainsi l'Adjectif *saint* fait au Superlatif *le plus saint*, *très-saint*, l'Adverbe *saintement* fait au Superlatif *le plus saintement*, *très-saintement*.

MANIÈRE
de former le Comparatif et le Superlatif latin.

Le Comparatif latin se forme du cas en *i* (Génitif ou Datif) de l'Adjectif, en y ajoutant *or*, pour le *m.* et le *f.*; *us*, pour le *n.*; EXEMPLES :

Sanctus, *saint ;*
Cas en *i*, *Gén.* sancti.
Comparatif sancti or, us, *plus saint.*
Fortis, *fort ;*
Cas en *i*, *Dat.* forti.
Comparatif forti or, us, *plus fort.*

Le Superlatif latin se forme du cas en *i* de l'Adjectif, en y ajoutant *ssimus*, *a*, *um*; EXEMPLES :

Sancti ssimus, a, um, *le plus saint.*
Forti ssimus, a, um, *le plus fort.*

Le Comparatif adverbe se forme du Comparatif neutre, en mettant un accent grave sur l'*u*; EXEMPLES ; *sanctiùs*, plus saintement ; *fortiùs*, plus fortement.

Le Superlatif adverbe se forme du Superlatif masculin, en changeant *us* en *è* ; EXEMPLES : *sanctissimè*, très-saintement ; *fortissimè*, le plus fortement.

REMARQUE. *Moins*, devant un Adjectif ou un Adverbe, s'exprime par *minùs*; *le moins* s'exprime par *minimè*; EXEMPLES : moins saint, *minùs sanctus*; moins saintement, *minùs sanctè*. Le moins saint, *minimè sanctus*; le moins saintement, *minimè sanctè*.

EXCEPTIONS.

1. Aux Adjectifs en *er* on ajoute *rimus, a, um*, pour former leur Superlatif; EX. *pulcher*, beau; Superlatif, *pulcherrimus, a, um*, très-beau.

2. Les Adjectifs en *lis*, comme *facilis*, *difficilis*, *humilis*, *similis*, *gracilis*, *imbecillis*, forment leur Superlatif en *llimus, a, um*; EX. *facilis*, facile; Superlatif, *facillimus*, très-facile; mais *utilis* fait *utilissimus*.

3. Les Adjectifs en *dicus*, *ficus*, *volus*, ont le Comparatif en *entior, us*, et le Superlatif en *entissimus, a, um*. *Ex. Maledicus*, médisant, Comparatif, *maledicentior*; plus médisant; Superlatif, *maledicentissimus*, très-médisant.

4. Les quatre Adjectifs suivans forment leur Comparatif et leur Superlatif très-irrégulièrement.

Bonus,	Comp.	*Melior, us*,	Sup.	*Optimus, a, um.*
bon,		meilleur,		très-bon.
Malus,		*Pejor, us*,		*Pessimus, a, um.*
mauvais,		pire,		très-mauvais.
Magnus,		*Major, us*,		*Maximus, a, um.*
grand,		plus grand,		très-grand.
Parvus,		*Minor, us*,		*Minimus, a, um.*
petit,		moindre,		très-petit.

5. Les Adjectifs en *eus*, *ius*, *uus*, ne sont pas susceptibles d'addition à leur cas en *i*. On exprime leur Comparatif par *magìs*, et leur Superlatif par *maximè*; EX. *Pius*, pieux; *magis pius*, plus pieux; *maximè pius*, très-pieux. (On dit aussi *piissimus*, *piissimè*.)

DÉCLINAISON
du Comparatif et du Superlatif.

OR, US.

Le Comparatif en *or*, *us*, comme *Sanctior*, *us*, se décline sur *Soror*, pour le *m.* et le *f.*; sur *Corpus*, pour le *n.*

SINGULIER.

	m. f.	n.		
Nom.	Sancti or,	us,	*le*	*la*
Gén.	Sancti oris,		*du*	*de la*
Dat.	Sancti ori,		*au*	*à la*
Acc.	Sancti orem,	us,	*le*	*la*
V. ô	Sancti or,	us,	*ô*	*ô*
Abl.	Sancti ore, ori,		*du*	*de la*
			plus saint.	*plus sainte.*

PLURIEL.

Nom.	Sancti ores,	ora,	*les*	*les*
Gén.	Sancti orum,		*des*	*des*
Dat.	Sancti oribus,		*aux*	*aux*
Acc.	Sancti ores,	ora,	*les*	*les*
V. ô	Sancti ores,	ora,	*ô*	*ô*
Abl.	Sancti oribus,		*des*	*des*
			plus saints.	*plus saintes.*

AINSI SE DÉCLINENT :

Melior, *us*, meilleur, e. *Major*, *us*, plus grand, e.
Pejor, *us*, pire *Minor*, *us*, plus petit, e.

Le Superlatif se décline comme *Bonus*, *a*, *um*.

TROISIÈME ESPÈCE DE MOTS.

DU PRONOM.

Le Pronom est un mot qui tient la place du Nom.

PRONOMS PERSONNELS.

Les Pronoms personnels sont ceux qui expriment seulement des personnes. Il y a trois personnes ; la première est celle qui parle, la deuxième est celle à qui l'on parle, la troisième est celle de qui l'on parle.

Pronoms de la 1.re personne.

	SINGULIER.		PLURIEL.	
Nom.	Ego, *je* ou *moi.*		Nos,	*nous.*
Gén.	Meî,	*de moi.*	Nostrûm, î,	*de nous.*
Dat.	Mihi,	*à moi.*	Nobis,	*à nous.*
Acc.	Me,	*moi.*	Nos,	*nous.*
Abl.	Me,	*de moi.*	Nobis,	*de nous.*

Pronoms de la 2.e personne.

	SINGULIER.		PLURIEL.	
Nom.	Tu,	*tu* ou *toi.*	Vos,	*vous.*
Gén.	Tuî,	*de toi.*	Vestrûm, î,	*de vous.*
Dat.	Tibi,	*à toi.*	Vobis,	*à vous.*
Acc.	Te,	*toi.*	Vos,	*vous.*
Voc.	ô Tu,	*ô toi.*	ô Vos,	*ô vous.*
Abl.	Te,	*de toi.*	Vobis,	*de vous.*

Pronoms de la 3.e personne.

SINGULIER et PLURIEL.

Gén.	Suî,	*de soi, de lui, d'elle; d'eux, d'elles.*
Dat.	Sibi,	*à soi, à lui, à elle; à eux, à elles.*
Acc.	Se,	*se, soi, lui, elle; eux, elles.*
Abl.	Se,	*soi, de lui, d'elle; d'eux, d'elles.*

REMARQUE. Ces Pronoms, toujours régimes, n'ont ni Nominatif ni Vocatif.

PRONOMS POSSESSIFS.

Les Pronoms possessifs sont des Adjectifs qui expriment la possession de chacune des trois personnes. Ils se déclinent comme *Bonus, a, um*, ou *Niger, a, um.*

Première personne singulière.

SINGULIER.

	m.	f.	n.			*mien.*	*mienne.*
Nom.	Meus,	a,	um,	*mon,*	*ma;*	*le*	*la*
Gén.	Mei,	æ,	i,	*de mon,*	*de ma;*	*du*	*de la*
Dat.	Meo,	æ,	o,	*à mon,*	*à ma;*	*au*	*à la*
Acc.	Meum,	am,	um,	*mon,*	*ma;*	*le*	*la*
V. ô	Meus, î,	ea,	eum,	*ô mon,*	*ma;*	*ô*	*ô*
Abl.	Meo,	â,	o,	*de mon,*	*de ma;*	*du*	*de la*

PLURIEL.

					miens.	*miennes.*
Nom.	Mei,	æ,	a,	*mes;*	*les*	*les*
Gén.	Meorum,	arum,	orum,	*de mes;*	*des*	*des*
Dat.	Meis,			*à mes;*	*aux*	*aux*
Acc.	Meos,	as,	a,	*mes;*	*les*	*les*
V. ô	Mei,	æ,	a,	*ô mes;*	*ô*	*ô*
Abl.	Meis,			*de mes;*	*des*	*des*

Deuxième personne singulière.

SINGULIER.

	m.	f.	n.					
Nom.	Tuus,	a,	um,	*ton, ta;*	*le*	*tien,*	*la*	*tienne.*
Gén.	Tui,	æ,	i,	*de ton, de ta;*	*du*		*de la*	
Dat.	Tuo,	æ,	o,	*à ton, à ta;*	*au*		*à la*	
Acc.	Tuum,	am,	um,	*ton, ta;*	*le*		*la*	
Abl.	Tuo,	â,	o,	*de ton, de ta;*	*du*		*de la*	

PLURIEL.

Nom.	Tui,	æ,	a,	*tes;*	*les*	*tiens,*	*les*	*tiennes.*
Gén.	Tuorum,	arum,	orum,	*de tes;*	*des*		*des*	
Dat.	Tuis,			*à tes;*	*aux*		*aux*	
Acc.	Tuos,	as,	a,	*tes;*	*les*		*les*	
Abl.	Tuis,			*de tes;*	*des*		*des*	

Première personne plurielle.

SINGULIER.

Nom.	Noster,	a,	um,	*notre;*	*le*	*nôtre,*	*la*	*nôtre.*
Gén.	Nostri,	æ,	i,	*de notre;*	*du*		*de la*	
Dat.	Nostro,	æ,	o,	*à notre;*	*au*		*à la*	
Acc.	Nostrum,	am,	um,	*notre;*	*le*		*la*	
V. ô	Noster,	a,	um,	*ô notre;*	*ô*		*ô*	
Abl.	Nostro,	â,	o,	*de notre;*	*du*		*de la*	

PLURIEL.

Nom.	Nostri,	æ,	a,	*nos;*	*les nôtres.*
Gén.	Nostrorum,	arum,	orum,	*de nos;*	*des nôtres.*
Dat.	Nostris,			*à nos;*	*aux nôtres.*
Acc.	Nostros,	as,	a,	*nos;*	*les nôtres.*
V. ô	Nostri,	æ,	a,	*ô nos;*	*ô nôtres.*
Abl.	Nostris,			*de nos;*	*des nôtres.*

Deuxième personne plurielle.

SINGULIER.

Nom.	Vester,	a,	um,	*vôtre;*	*le*	*vôtre,*	*la*	*vôtre.*
Gén.	Vestri,	æ,	i,	*de vôtre;*	*du*		*de la*	
Dat.	Vestro,	æ,	o,	*à vôtre;*	*au*		*à la*	
Acc.	Vestrum,	am,	um,	*vôtre;*	*le*		*la*	
Abl.	Vestro,	â,	o,	*de vôtre;*	*du*		*de la*	

PLURIEL.

	m.	f.	n.	
Nom.	Vestri,	æ,	a,	*vos; les vôtres.*
Gén.	Vestrorum,	arum,	orum,	*de vos; des vôtres.*
Dat.	Vestris,			*à vos; aux vôtres.*
Acc.	Vestros,	as,	a,	*vos; les vôtres.*
Abl.	Vestris,			*de vos; des vôtres.*

Troisième personne des deux nombres.

SINGULIER.

Nom.	Suus,	a,	um,	*son, sa, leur; le sien, la sienne, le leur, la leur.*
Gén.	Sui,	æ,	i,	*de son, de sa, de leur; du sien, de la sienne, du leur, de la leur.*
Dat.	Suo,	æ,	o,	*à son, à sa, à leur; au sien, à la sienne, au leur, à la leur.*
Acc.	Suum,	am,	um,	*son, sa, leur; le sien, la sienne, le leur, la leur.*
Abl.	Suo,	â,	o,	*de son, de sa, de leur; du sien, de la sienne, du leur, de la leur.*

PLURIEL.

Nom.	Sui,	æ,	a,	*ses, leurs; les siens, les siennes, les leurs.*
Gén.	Suorum,	arum,	orum,	*de ses, de leurs; des siens, des siennes, des leurs.*
Dat.	Suis,			*à ses, à leurs; aux siens, aux siennes, aux leurs.*
Acc.	Suos,	as,	a,	*ses, leurs; les siens, les siennes, les leurs.*
Abl.	Suis,			*de ses, de leurs; des siens, des siennes, des leurs.*

AINSI SE DÉCLINE :

Cujus, a, um, à qui GEN. *Cujæ, æ, i*, à qui. DAT. *Cujo, æ, o*, à qui. ACC. *Cujum, am, um*, à qui. Et ainsi de suite.

PRONOMS RELATIFS, DÉMONSTRATIFS, etc.

Ces Pronoms désignent des personnes ou des choses. Ils ont le Génitif singulier en *jus* ou *ius*, et le Datif en *i*, pour les trois Genres; les autres cas sont conformes à la Déclinaison de *Bonus, a, um*, ou à celle de *Niger, a, um.*

Is, ea, id.

SINGULIER.

	m.	*f.*	*n.*	
Nom.	Is,	ea,	id,	*il, lui, elle.*
Gén.	Ejus,			*de lui, d'elle.*
Dat.	Ei,			*à lui, à elle.*
Acc.	Eum,	eam,	id,	*lui, le, elle, la.*
Abl.	Eo,	eâ,	eo,	*de lui, d'elle.*

PLURIEL.

Nom.	Ei *ou* ii,	eæ,	ea,	*ils, eux, elles.*
Gén.	Eorum,	earum,	eorum,	*d'eux, d'elles.*
Dat.	Eis *ou* iis,			*à eux, à elles.*
Acc.	Eos,	eas,	ea,	*eux, les, elles, les.*
Abl.	Eis *ou* iis,			*d'eux, d'elles.*

Autrement pour le françois :
Celui, celle; de celui, de celle, etc. *Ceux, celles; de ceux, de celles*, etc.

AINSI SE DECLINE :

Idem, eadem, idem, le même, la même.

Hic, hæc, hoc.

SINGULIER.

Nom.	Hic,	hæc,	hoc,	*ce, cet, cette...ci.*
Gén.	Hujus,			*de ce, cet, de cette...ci.*
Dat.	Huic,			*à ce, cet, à cette...ci.*
Acc.	Hunc,	hanc,	hoc,	*ce, cet, cette...ci.*
Abl.	Hoc,	hâc,	hoc,	*de ce, cet, de cette...ci.*

PLURIEL.

Nom.	Hi,	hæ,	hæc,	*ces...ci.*
Gén.	Horum,	harum,	horum,	*de ces...ci.*
Dat.	His,			*à ces...ci.*
Acc.	Hos,	has,	hæc,	*ces...ci.*
Abl.	His,			*de ces...ci.*

Autrement pour le françois :
Celui-ci, celle-ci; de celui-ci, de celle-ci, etc. *Ceux-ci, celles-ci; de ceux-ci, de celles-ci*, etc.

Ille, a, um.

SINGULIER.

	m.	f.	n.	
Nom.	Ille,	a,	ud,	*ce, cet, cette...là.*
Gén.	Illius,			*de ce, cet, de cette...là.*
Dat.	Illi,			*à ce, cet, à cette...là.*
Acc.	Illum,	am,	ud,	*ce, cet, cette...là.*
Abl.	Illo,	â,	o,	*de ce, cet, de cette...là.*

PLURIEL.

Nom.	Illi,	æ,	a,	*ces....là.*
Gén.	Illorum,	arum,	orum,	*de ces....là.*
Dat.	Illis,			*à ces....là.*
Acc.	Illos,	as,	a,	*ces....là.*
Abl.	Illis,			*de ces....là.*

Autrement pour le françois :
Celui-là, celle-là; de celui-là, de celle-là, etc. *Ceux-là, celles-là; de ceux-là, de celles-là,* etc.

AINSI SE DÉCLINE :
Iste, a, ud, ce, cet, cette; celui-là, celle-là, etc.

Ipse, a, um.

SINGULIER.

Nom.	Ipse,	a,	um,	*lui-même, elle-même.*
Gén.	Ipsius,			*de lui-même, d'elle-même.*
Dat.	Ipsi,			*à lui-même, à elle-même.*
Acc.	Ipsum,	am,	um,	*lui-même, elle-même.*
Abl.	Ipso,	â,	o,	*de lui-même, d'elle-même.*

(*même;* en marge)

PLURIEL.

Nom.	Ipsi,	æ,	a,	*eux-mêmes,*	*elles-mêmes.*
Gén.	Ipsorum,	arum,	orum,	*d'eux-mêmes,*	*d'elles-mêmes.*
Dat.	Ipsis,			*à eux-mêmes,*	*à elles-mêmes.*
Acc.	Ipsos,	as,	a,	*eux-mêmes,*	*elles-mêmes.*
Abl.	Ipsis,			*d'eux-mêmes,*	*d'elles-mêmes.*

(*mêmes;* en marge)

AINSI SE DÉCLINENT :

Alius, a, ud, autre; GÉN. *alius,* DAT. *alii,* ACC *alium,* ABL. *alio.*
Alter, era, erum, l'autre.
Alteruter, a, um, l'un ou l'autre.
Neuter, a, um, ni l'un ni l'autre.
Ullus, a, um, aucun, e.
Nullus, a, um, nul, nulle.
Solus, a, um, seul, e.
Totus, a, um, tout, e.
Unus, a, um, un, une.
Uter, a, um, lequel des deux.
Uterque, aque, umque, l'un et l'autre.

Qui *ou* quis? quæ, quod.

REM. *Qui, quæ, quod,* relatif, est des trois personnes.

SINGULIER.

	m.	*f.*	*n*	
Nom.	Qui, Quis?	quæ,	quod,	*qui, lequel, laquelle?* *qui? quel? quelle?*
Gén.	Cujus,			*de qui, duquel, de laquelle;* *de qui? de quel? de quelle?*
Dat.	Cui,			*à qui, auquel, à laquelle;* *à qui? à quel? à quelle?*
Acc.	Quem,	quam,	quod,	*que, lequel laquelle;* *qui? quel? quelle?*
Abl.	Quo,	quâ,	quo,	*de qui, duquel, de laquelle;* *de qui? de quel? de quelle?*

PLURIEL.

Nom.	Qui,	quæ,	quæ,	*qui, lesquels, lesquelles;* *qui? quels? quelles?*
Gén.	Quorum,	arum,	orum,	*de qui, desquels, desquelles;* *de qui? de quels? de quelles?*
Dat.	Quibus,			*à qui, auxquels, auxquelles;* *à qui? à quels? à quelles?*
Acc.	Quos,	quas,	quos,	*que, lesquels, lesquelles;* *qui? quels? quelles?*
Abl.	Quibus,			*de qui, desquels, desquelles;* *de qui? de quels? de quelles?*

SUR *qui, quæ, quod,* ON DÉCLINE :

Quicumque, quæcumque, quodcumque, quiconque, qui que ce soit, quelque, que.
Quidam, quædam, quoddam, un certain, une certaine.
Quilibet, quælibet, quodlibet, qui l'on voudra.
Quivis, quævis, quodvis, quelconque, qui l'on voudra.

SUR *quis, quæ, quod,* ON DÉCLINE :

Quisnam? quænam? quodnam? qui? quel? quelle?
Ecquis? ecquæ? ecquod? et quel? et quelle? (NOM. et ACC. pluriel neut. *Ecqua?*)
Quispiam, quæpiam, quodpiam, quelqu'un, quelqu'une.
Quisquam, quæquam, quodquam, quelqu'un, quelqu'une.
Quisque, quæque, quodque, chacun, chacune.

Quisquis; (DAT. *cuicui*; ABL. *quoquo*; ACC. plur. *quosquos*;) qui que ce soit.

Aliquis, *aliqua*, *aliquid*, quelqu'un, quelqu'une; (NOM. et ACC. plur. neutre, *Aliqua*. Devant un nom de choses qui se comptent, *Aliquot*, mot indéclinable.

NOTA. Dans *Unusquisque*, chacun, chacune; *unus* et *quisque* se déclinent; GEN. *Uniuscujusque*; DAT. *Unicuique*; ACC. *Unumquemque*; ABL. *Unoquoque*.

REMARQUE

Sur les Pronoms is, hic, ille, iste, qui, quis, *etc.*

Ces Pronoms prennent différentes dénominations, selon leur emploi et leur signification, qui passe souvent de l'un à l'autre.

Quand ils se rapportent à un Nom ou Pronom qui précède, on les appelle *relatifs*.

Quand ils sont joints à un Nom, on les appelle *adjectifs*.

Quand ils sont employés seuls dans le discours, se rapportant à quelque nom sous-entendu, on les appelle *absolus*.

Dénominations d'après l'emploi et la signification.

Is, ea, id;
Hic, hæc, hoc;
Ille, a, ud;
Iste, a, ud;
Qui, quæ, quod;

REM. Les significations propres à *qui*, *quæ*, *quod*, sont désignées par une étoile. Celles qui ne lui conviennent pas, sont précédées de ce trait –. Toutes les autres lui sont communes avec *is*, *hic*, *ille*, *iste*.

Relatifs simples.

Il, *lui*, *elle*, *eux*, *elles*; *le*, *la*, *les*; *en*, *y*; *son*, *sa*, *ses*.
* *Qui*, *dont*, *lequel*, *laquelle*, *lesquels*, *lesquelles*, *que*.

Adjectifs démonstratifs.

Ce, *cet*, *cette*, *ces*.
– *Ce...ci*, *cet...ci*, *cette...ci*, *ces...ci*.
– *Ce...là*, *cet...là*, *cette...là*, *ces...là*.

Relatifs démonstratifs.

– *Celui-ci*, *celle-ci*, *ceux-ci*, *celles-là*.
– *Celui-là*, *celle-là*, *ceux-là*, *celles-là*.

Absolus simples.

– *Celui*, *celle*, *ceux*, *celles*.
* *Celui qui*, *celle qui*, *ceux qui*, *celles qui*, *ce qui*.

Quis? quæ? quod?

Adjectifs interrogatifs.

Quel? quelle? quels? quelles?

Absolus interrogatifs.

Qui? lequel? laquelle? lesquels? lesquelles?

PRONOMS SUBSTANTIFS.

Les Pronoms neutres *id*, *hoc*, *illud*, *istud* et *quid*, s'emploient substantivement ; mais ils prennent le plus souvent une périphrase à leurs cas indirects, c'est-à-dire, au Génitif, au Datif et à l'Ablatif.

Id, hoc, illud, istud.

SINGULIER.

Nom.	Id,	*ce, cette chose.*
Gén.	Ejus rei,	*de ce, de cette chose.*
Dat.	Ei rei,	*à ce, à cette chose.*
Acc.	Id,	*ce, le, cette chose.*
Abl.	Eâ re,	*de ce, de cette chose.*

PLURIEL.

Nom.	Ea,	*ces choses.*
Gén.	Earum rerum,	*de ces choses.*
Dat.	Eis *ou* iis rebus,	*à ces choses.*
Acc.	Ea,	*ces choses.*
Abl.	Eis *ou* iis rebus,	*de ces choses.*

AINSI SE DÉCLINENT :

Hoc, ce, ceci, cette chose-ci. *Istud*, ce, cette chose, ceci, cela. *Illud*, ce, cela, cette chose-là.

Quid.

SINGULIER.

Nom.	Quid ?	*que ? quoi ? quelle chose ?*
Gén.	Cujus rei ?	*de quoi ? de quelle chose ?*
Dat.	Cui rei ?	*à quoi ? à quelle chose ?*
Acc.	Quid ?	*que ? quoi ? quelle chose ?*
Abl.	Quâ re ?	*de quoi ? de quelle chose ?*

PLURIEL.

Nom.	Quæ ?	*que ? quoi ? quelles choses ?*
Gén.	Quarum rerum ?	*de quoi ? de quelles choses ?*
Dat.	Quibus rebus ?	*à quoi ? à quelles choses ?*
Acc.	Quæ ?	*que ? quoi ? quelles choses ?*
Abl.	Quibus rebus ?	*de quoi ? de quelles choses ?*

AINSI SE DÉCLINENT :

Quiddam, une certaine chose.
Quidlibet, la chose que l'on voudra.
Quidvis, ce que vous voudrez.
Quidnam? quelle chose?
Equidnam? et quelle chose?
Quidpiam, quelque chose.
Quidque, chaque chose.
Quidquid, (il n'a point de cas indirects), tout ce qui *ou* que.
Aliquid, quelque chose.

NOTA. *Ecquid* et *Aliquid* ont le pluriel en *a*.

QUATRIÈME ESPÈCE DE MOTS.

DU VERBE.

Le Verbe est un mot qui exprime que l'on est, ou que l'on fait, ou que l'on souffre quelque chose. Ainsi les mots *esse*, être; *amare*, aimer; *amari*, être aimé, sont des Verbes.

Il y a dans les Verbes deux Nombres, le *singulier* et le *pluriel*. Il y a trois Personnes pour chaque Nombre: la première est celle qui parle; la seconde est celle à qui l'on parle; la troisième est celle de qui l'on parle.

Un Temps est composé de trois Personnes de chaque Nombre. Il y a deux sortes de Temps; les uns sont *présens*, les autres sont *passés* : ils se rapportent à trois Temps *généraux*, qui sont le *présent*, le *passé* et le *futur*.

Il y a dans les Verbes quatre Modes ou manières de parler; 1.° l'*Indicatif*, quand on affirme; 2.° *Impératif*, quand on commande; 3.° le *Subjonctif*, quand on souhaite ou qu'on doute; 4.° l'*Infinitif*, quand on parle d'une manière vague ou quand on déclare.

Dans les Verbes il y a trois sortes de Participes; le Participe *présent*, le Participe *passé*, le Participe *futur*.

Réciter la Suite de tous les Temps d'un Verbe, cela s'appelle *conjuguer*.

Il y a en latin quatre Conjugaisons *actives* et quatre Conjugaisons *passives*. On les distingue par le Présent de l'Infinitif, et par les deux premières Personnes de l'Indicatif.

Le Verbe substantif *Sum* se conjugue comme il suit:

CONJUGAISON DU VERBE SUM.

TEMPS PRÉSENS.

INDICATIF.

1. PRÉSENT.

Sing.	Sum,	*je suis.*
	Es,	*tu es.*
	Est,	*il est.*
Plur.	Sumus,	*nous sommes.*
	Estis,	*vous êtes.*
	Sunt,	*ils sont.*

Remarque sur les Pronoms personnels sujets.

En latin, les Pronoms personnels sujets sont ordinairement sous-entendus; au lieu de dire : *ego sum*, *tu es*, *ille est*, *nos sumus*, *vos estis*, *illi sunt*, on dit simplement : *sum*, *es*, *est*, etc.

3. IMPARFAIT.

Sing.	Eram,	*j'étois.*
	Eras,	*tu étois.*
	Erat,	*il étoit.*
Plur.	Eramus,	*nous étions.*
	Eratis,	*vous étiez.*
	Erant,	*ils étoient.*

5. FUTUR PRÉSENT.

Sing.	Ero,	*je serai.*
	Eris,	*tu seras.*
	Erit,	*il sera.*
Plur.	Erimus,	*nous serons.*
	Eritis,	*vous serez.*
	Erunt,	*ils seront.*

IMPÉRATIF.

Point de premières personnes.

Sing.	Es *ou* esto,	*sois.*
	Esto,	*qu'il soit.*
Plur.	Este *ou* estote,	*soyez.*
	Sunto,	*qu'ils soient.*

TEMPS PASSÉS.

2. PARFAIT.

Sing.	Fui,	*j'ai été.*
	Fuisti,	*tu as été.*
	Fuit,	*il a été.*
Plur.	Fuimus,	*nous avons été.*
	Fuistis,	*vous avez été.*
	Fuerunt *ou* fuêre,	*ils ont été.*

Autrement pour le françois :

Je fus, tu fus, il fut; nous fûmes, vous fûtes, ils furent.

4. PLUSQUE PARFAIT.

Sing.	Fueram,	*j'avois été.*
	Fueras,	*tu avois été.*
	Fuerat,	*il avoit été.*
Plur.	Fueramus,	*nous avions été.*
	Fueratis,	*vous aviez été.*
	Fuerant,	*ils avoient été.*

6. FUTUR PASSÉ.

Sing.	Fuero,	*j'aurai été.*
	Fueris,	*tu auras été.*
	Fuerit,	*il aura été.*
Plur.	Fuerimus,	*nous aurons été.*
	Fueritis,	*vous aurez été.*
	Fuerint,	*ils auront été.*

Remarque sur les Temps passés.

Dans tous les Verbes, les Temps *passés* forment une Conjugaison particulière et distincte de celle des Temps *présens*. Pour ne point trop s'écarter de l'ordre des Temps françois, on conjuguera selon l'indication des numéros.

SUITE DE LA CONJUGAISON DU VERBE SUM.

TEMPS PRÉSENS. TEMPS PASSÉS.

SUBJONCTIF.

1. PRÉSENT.

Sing. Sim, *que je sois.*
Sis, *que tu sois.*
Sit, *qu'il soit.*
Plur. Simus, *que nous soyons.*
Sitis, *que vous soyez.*
Sint, *qu'ils soient.*

3. IMPARFAIT.

Sing. Essem, *que je fusse.*
Esses, *que tu fusses.*
Esset, *qu'il fût.*
Plur. Essemus, *que nous fussions.*
Essetis, *que vous fussiez.*
Essent, *qu'ils fussent.*

Autrement pour le latin :
Forem, fores, foret ; forent.
Autrement pour le françois :
[je s]erois, tu serois, il seroit; nous serions, vous seriez, ils seroient.

2. PARFAIT.

Sing. Fuerim, *que j'aie été.*
Fueris, *que tu aies été.*
Fuerit, *qu'il ait été.*
Plur. Fuerimus, *que nous ayons été.*
Fueritis, *que vous ayez été.*
Fuerint, *qu'ils aient été.*

4. PLUSQUE-PARFAIT.

Sing. Fuissem, *que j'eusse été.*
Fuisses, *que tu eusses été.*
Fuisset, *qu'il eût été.*
Plur. Fuissemus, *que nous eussions été.*
Fuissetis, *que vous eussiez été.*
Fuissent, *qu'ils eussent été.*

Autrement pour le françois :
J'aurois été, tu aurois été, il auroit été; nous aurions été, vous auriez été, ils auroient été.

INFINITIF.

1. 3. PRÉSENT. Esse, *être.*
5. FUTUR. Fore, *devoir être.*
2. 4. PARFAIT. Fuisse, *avoir été.*

PARTICIPES.

1. 3. PRÉSENT. Ens, (*Inusité.*) *étant.*
5. FUTUR. Futurus, a, um, *devant être.*
2. 4. PASSÉ. (*Il manque.*) *ayant été.*

INFINITIF OBLIGATIF.

5. PRÉSENT. Futurus esse, *devoir être.*
6. PARFAIT. Futurus fuisse, *avoir dû être.*

[G]ÉRONDIFS. (*Ils manquent.*)

[SU]PIN. (*Il manque.*)

Ainsi se conjuguent les composés de *Sum*, comme *adesse*, être présent; *abesse*, être absent; *deesse*, manquer; *præesse*, présider; *interesse*, assister; *obesse*, nuire; *subesse*, être dessous, etc.

PREMIERE CONJUGAISON ACTIVE.

Les Verbes de la première Conjugaison active ont le présent de l'Infinitif en *are*, et le présent de l'Indicatif en *o, as*.

TEMPS PRÉSENS.

INDICATIF.

1. PRÉSENT.

Sing.	Am o,	*j'aime.*
	Am as,	*tu aimes.*
	Am at,	*il aime.*
Plur.	Am amus,	*nous aimons.*
	Am atis,	*vous aimez.*
	Am ant,	*ils aiment.*

FORMATION DES TEMPS PRÉSENS.

Du présent *amo* on forme *amabam*, *amabo*, *amem*, *amans*, en changeant *o* en *abam*, en *abo*, en *em*, en *ans*.

3. IMPARFAIT.

Sing.	Amab am,	*j'aimois.*
	Amab as,	*tu aimois.*
	Amab at,	*il aimoit.*
Plur.	Amab amus,	*nous aimions.*
	Amab atis,	*vous aimiez.*
	Amab ant,	*ils aimoient.*

5. FUTUR PRÉSENT.

Sing.	Amab o,	*j'aimerai.*
	Amab is,	*tu aimeras.*
	Amab it,	*il aimera.*
Plur.	Amab imus,	*nous aimerons.*
	Amab itis,	*vous aimerez.*
	Amab unt,	*ils aimeront.*

IMPÉRATIF.

Point de premières personnes.

Sing.	Am a, *ou* am ato,	*aime.*
	Am ato,	*qu'il aime.*
Plur.	Am ate, *ou* am atote,	*aimez.*
	Am anto,	*qu'ils aiment.*

TEMPS PASSÉS.

2. PARFAIT.

Sing.	Amav i,	*j'ai aimé.*
	Amav isti,	*tu as aimé.*
	Amav it,	*il a aimé.*
Plur.	Amav imus,	*nous avons aimé.*
	Amav istis,	*vous avez aimé.*
	Amav erunt, êre,	*ils ont aimé.*

Autrement pour le françois :

J'aimai, tu aimas, il aima; nous aimâmes, vous aimâtes, ils aimèrent.

4. PLUSQUE-PARFAIT.

Sing.	Amav eram,	*j'avois aimé.*
	Amav eras,	*tu avois aimé.*
	Amav erat,	*il avoit aimé.*
Plur.	Amav eramus,	*nous avions aimé.*
	Amav eratis,	*vous aviez aimé.*
	Amav erant,	*ils avoient aimé.*

6. FUTUR PASSÉ.

Sing.	Amav ero,	*j'aurai aimé.*
	Amav eris,	*tu auras aimé.*
	Amav erit,	*il aura aimé.*
Plur.	Amav erimus,	*nous aurons aimé.*
	Amav eritis,	*vous aurez aimé.*
	Amav erint,	*ils auront aimé.*

FORMATION DES TEMPS PASSÉS.

Dans toutes les Conjugaisons *actives*, les Temps passés se forment du Parfait de l'Indicatif, en changeant *i* en *eram*, *ero*, *erim*, *issem*, *isse*; EXEMP. *amavi*, *amaveram*, *amavero*, *amaverim*, *amavissem*, *amavisse*. *Monui*, *monueram*, *monuero*, *monuerim*, *monuissem*, *monuisse*. *Legi*, *legeram*, *legero*, etc.

SUITE DE LA PREMIÈRE CONJUGAISON ***ACTIVE.***

TEMPS PRÉSENS. TEMPS PASSÉS.

SUBJONCTIF.

1. PRÉSENT.

Sing.	Am em,	*que j'aime.*
	Am es,	*que tu aimes.*
	Am et,	*qu'il aime.*
Plur.	Am emus,	*que nous aimions.*
	Am etis,	*que vous aimiez.*
	Am ent,	*qu'ils aiment.*

3. IMPARFAIT.

Sing.	Amar em,	*que j'aimasse.*
	Amar es,	*que tu aimasses.*
	Amar et,	*qu'il aimât.*
Plur.	Amar emus,	*que nous aimassions.*
	Amar etis,	*que vous aimassiez.*
	Amar ent,	*qu'ils aimassent.*

Autrement pour le françois :

J'aimerois, tu aimerois, il aimeroit; nous aimerions; vous aimeriez, ils aimeroient.

2. PARFAIT.

Sing.	Amav erim,	*que j'aie aimé.*
	Amav eris,	*que tu aies aimé.*
	Amav erit,	*qu'il ait aimé.*
Plur.	Amav erimus,	*que nous ayons aimé.*
	Amav eritis,	*que vous ayez aimé.*
	Amav erint,	*qu'ils aient aimé.*

4. PLUSQUE-PARFAIT.

Sing.	Amav issem,	*que j'eusse aimé.*
	Amav isses,	*que tu eusses aimé.*
	Amav isset,	*qu'il eût aimé.*
Plur.	Amav issemus,	*que nous eussions aimé.*
	Amav issetis,	*que vous eussiez aimé.*
	Amav issent,	*qu'ils eussent aimé.*

Autrement pour le françois :

J'aurois aimé, tu aurois aimé, il auroit aimé; nous aurions aimé, vous auriez aimé, ils auroient aimé.

INFINITIF.

3. PRÉSENT. Am are, *aimer.*

2. 4. PARFAIT. Amav isse, *avoir aimé.*

PARTICIPES.

3. PRÉSENT. Am ans, tis, *aimant.*

5. FUTUR. Amat urus, a, um, *devant aimer.*

2. 4. PASSÉ. (*Il manque.*) *ayant aimé.*

INFINITIF OBLIGATIF.

5. PRÉSENT. Amat urus esse, *devoir aimer.*

6. PARFAIT. Amat urus fuisse, *avoir dû aimer.*

GÉRONDIFS.

Nom.	Aman dum,	*aimer.*
Gén.	Aman di,	*d'aimer.*
Dat.	Aman do,	*à aimer.*
Acc.	Aman dum,	*aimer.*
Abl.	Aman do,	*d'aimer.*

SUPIN. Amat um, *aimer.*

AINSI SE CONJUGUENT :

Laudare, louer; *vituperare*, blâmer; *verberare*, frapper; *vocare*, appeler, etc.

TEMPS PRIMITIFS.

On appelle *Temps primitifs*, ceux qui servent à former les autres; il y en a quatre dans chaque Verbe, savoir : le *Présent* et le *Parfait* de l'Indicatif, l'*Infinitif présent* et le *Supin* en *um*.

DEUXIÈME CONJUGAISON ACTIVE.

Les Verbes de la deuxième Conjugaison active, ont le présent de l'Infinitif en *ere*, et le présent de l'Indicatif en *eo*, *es*.

TEMPS PRÉSENS. TEMPS PASSÉS.

INDICATIF.

1. PRÉSENT.

Sing.	Mon eo,	*j'avertis.*
	Mon es,	*tu avertis.*
	Mon et,	*il avertit.*
Plur.	Mon emus,	*nous avertissons.*
	Mon etis,	*vous avertissez.*
	Mon ent,	*ils avertissent.*

FORMATION DES TEMPS PRÉSENS.

Du présent *moneo* on forme *monebam*, *monebo*, *moneam*, *monens*, en changeant *eo* en *ebam*, en *ebo*, en *eam*, en *ens*.

3. IMPARFAIT.

Sing.	Moneb am,	*j'avertissois.*
	Moneb as,	*tu avertissois.*
	Moneb at,	*il avertissoit.*
Plur.	Moneb amus,	*nous avertissions.*
	Moneb atis,	*vous avertissiez.*
	Moneb ant,	*ils avertissoient.*

5. FUTUR PRÉSENT.

Sing.	Moneb o,	*j'avertirai.*
	Moneb is,	*tu avertiras.*
	Moneb it,	*il avertira.*
Plur.	Moneb imus,	*nous avertirons.*
	Moneb itis,	*vous avertirez.*
	Moneb unt,	*ils avertiront.*

IMPÉRATIF.

Point de premières personnes.

Sing.	Mon e *ou* eto,	*avertis.*
	Mon eto,	*qu'il avertisse.*
Plur.	Mon ete *ou* etote,	*avertissez.*
	Mon ento,	*qu'ils avertissent.*

2. PARFAIT.

Sing.	Monu i,	*j'ai averti.*
	Monu isti,	*tu as averti.*
	Monu it,	*il a averti.*
Plur.	Monu imus,	*nous avons averti.*
	Monu istis,	*vous avez averti.*
	Monu erunt, ēre,	*ils ont averti.*

Autrement pour le françois,

J'avertis, tu avertis, il avertit; nous avertîmes, vous avertîtes, ils avertirent.

4. PLUSQUE-PARFAIT.

Sing.	Monu eram,	*j'avois averti.*
	Monu eras,	*tu avois averti.*
	Monu erat,	*il avoit averti.*
Plur.	Monu eramus,	*nous avions averti.*
	Monu eratis,	*vous aviez averti.*
	Monu erant,	*ils avoient averti.*

6. FUTUR PASSÉ.

Sing.	Monu ero,	*j'aurai averti.*
	Monu eris,	*tu auras averti.*
	Monu erit,	*il aura averti.*
Plur.	Monu erimus,	*nous aurons averti.*
	Monu eritis,	*vous aurez averti.*
	Monu erint,	*ils auront averti.*

FORMATION DES TEMPS PRÉSENS.

Dans toutes les Conjugaisons actives, on forme du présent de l'Infinitif, 1.° l'Impératif, en retranchant *re*; EX. *amare*, *ama*: *monere*, *mone*; *legere*, *lege*; *audire*, *audi*; 2.° l'Imparfait du Subjonctif, en ajoutant *m*; EX. *amare*, *amarem*; *monere*, *monerem*, *legere*, *legerem*; *audire*, *audirem*.

SUITE DE LA DEUXIÈME CONJUGAISON ACTIVE.

TEMPS PRÉSENS. TEMPS PASSÉS.

SUBJONCTIF.

1. PRÉSENT.

Sing. Mon eam, *que j'avertisse.*
Mon eas, *que tu avertisses.*
Mon eat, *qu'il avertisse.*
Plur. Mon eamus, *que nous avertissions.*
Mon eatis, *que vous avertissiez.*
Mon eant, *qu'ils avertissent.*

3. IMPARFAIT.

Sing. Moner em, *que j'avertisse.*
Moner es, *que tu avertisses.*
Moner et, *qu'il avertît.*
Plur. Moner emus, *que nous avertissions.*
Moner etis, *que vous avertissiez.*
Moner ent, *qu'ils avertissent.*

Autrement pour le françois : *j'avertirois, tu avertirois, il avertiroit; nous avertirions, vous avertiriez, ils avertiroient.*

2. PARFAIT.

Sing. Monu erim, *que j'aie averti.*
Monu eris, *que tu aies averti.*
Monu erit, *qu'il ait averti.*
Plur. Monu erimus, *que nous ayons averti.*
Monu eritis, *que vous ayez averti.*
Monu erint, *qu'ils aient averti.*

4. PLUSQUE-PARFAIT.

Sing. Monu issem, *que j'eusse averti.*
Monu isses, *que tu eusses averti.*
Monu isset, *qu'il eût averti.*
Plur. Monu issemus, *que nous eussions averti.*
Monu issetis, *que vous eussiez averti.*
Monu issent, *qu'ils eussent averti.*

Autrement pour le françois : *J'aurois averti, tu aurois averti, il auroit averti : nous aurions averti, vous auriez averti, ils auroient averti.*

INFINITIF.

3. PRÉSENT. Mon ere, *avertir.*

2. 4. PARFAIT. Monu isse, *avoir averti.*

PARTICIPES.

3. PRÉSENT. Mon ens, tis, *avertissant.*
5. FUTUR. Monit urus, a, um, *devant avertir.*

2. 4. PASSÉ. (*Il manque.*) *ayant averti.*

INFINITIF OBLIGATIF.

5. PRÉSENT. Monit urus esse, *devoir avertir.*

6. PARFAIT. Monit urus fuisse, *avoir dû avertir.*

GÉRONDIFS.

Nom. Monen dum, *avertir.*
Gén. Monen di, *d'avertir.*
Dat. Monen do, *à avertir.*
Acc. Monen dum, *avertir.*
Abl. Monen do, *d'avertir.*

SUPIN. Monit um, *avertir.*

AINSI SE CONJUGUENT :

Docere, instruire; *terrere*, épouvanter; *tenere*, tenir; *implere* (*implevi*), emplir.

FORMATION DU PARTICIPE FUTUR.

Du Supin on forme le Participe futur, en changeant *um* en *urus*; EX. *amatum*, *amaturus*; *monitum*, *moniturus*; *lectum*, *lecturus*; *auditum*, *auditurus*.

TROISIEME CONJUGAISON ACTIVE.

Les Verbes de la troisième Conjugaison active ont le présent de l'Infinitif en *ere*, et le présent de l'Indicatif en *o* ou en *io*, *is*.

INDICATIF.

TEMPS PRÉSENS.

1. PRÉSENT.

Sing. Leg o, *je lis.*
Leg is, *tu lis.*
Leg it, *il lit.*
Plur. Leg imus, *nous lisons.*
Leg itis, *vous lisez.*
Leg unt, *ils lisent.*

FORMATION DES TEMPS PRÉSENS.

Du présent *lego* on forme *legebam*, *legam*, *legens*, en changeant *o* en *ebam*, en *am*, en *ens*.

3. IMPARFAIT.

Sing. Legeb am, *je lisois.*
Legeb as, *tu lisois.*
Legeb at, *il lisoit.*
Plur. Legeb amus, *nous lisions.*
Legeb atis, *vous lisiez.*
Legeb ant, *ils lisoient.*

5. FUTUR PRÉSENT.

Sing. Leg am, *je lirai.*
Leg es, *tu liras.*
Leg et, *il lira.*
Plur. Leg emus, *nous lirons.*
Leg etis, *vous lirez.*
Leg ent, *ils liront.*

IMPÉRATIF.

Point de premières personnes.

Sing. Leg e *ou* leg ito, *lis.*
Leg ito, *qu'il lise.*
Plur. Leg ite *ou* itote, *lisez.*
Leg unto, *qu'ils lisent.*

TEMPS PASSÉS.

2. PARFAIT.

Sing. Leg i, *j'ai lu.*
Leg isti, *tu as lu.*
Leg it, *il a lu.*
Plur. Leg imus, *nous avons lu.*
Leg istis, *vous avez lu.*
Leg erunt, ére, *ils ont lu.*

Autrement pour le françois :

Je lus, tu lus, il lut; nous lûmes, vous lûtes, ils lurent.

4. PLUSQUE-PARFAIT.

Sing. Leg eram, *j'avois lu.*
Leg eras, *tu avois lu.*
Leg erat, *il avoit lu.*
Plur. Leg eramus, *nous avions lu.*
Leg eratis, *vous aviez lu.*
Leg erant, *ils avoient lu.*

6. FUTUR PASSÉ.

Sing. Leg ero, *j'aurai lu.*
Leg eris, *tu auras lu.*
Leg erit, *il aura lu.*
Plur. Leg erimus, *nous aurons lu.*
Leg eritis, *vous aurez lu.*
Leg erint, *ils auront lu.*

FORMATION DE L'INFINITIF OBLIGATIF.

L'Infinitif obligatif se forme du Participe futur, avec *esse* pour le présent, et *fuisse* pour le parfait.

SUITE DE LA TROISIÈME CONJUGAISON ACTIVE.

SUBJONCTIF.

TEMPS PRÉSENS.

1. PRÉSENT.

Sing.	Leg am,	*que je lise.*
	Leg as,	*que tu lises.*
	Leg at,	*qu'il lise.*
Plur.	Leg amus,	*que nous lisions.*
	Leg atis,	*que vous lisiez.*
	Leg ant,	*qu'ils lisent.*

3. IMPARFAIT.

Sing.	Leger em,	*que je lusse.*
	Leger es,	*que tu lusses.*
	Leger et,	*qu'il lût.*
Plur.	Leger emus,	*que nous lussions.*
	Leger etis,	*que vous lussiez.*
	Leger ent,	*qu'ils lussent.*

Autrement pour le françois :
Je lirois, tu lirois, il liroit; nous lirions, vous liriez, ils liroient.

TEMPS PASSÉS.

2. PARFAIT.

Sing.	Leg erim,	*que j'aie lu.*
	Leg eris,	*que tu aies lu.*
	Leg erit,	*qu'il ait lu.*
Plur.	Leg erimus,	*que nous ayons lu.*
	Leg eritis,	*que vous ayez lu.*
	Leg erint,	*qu'ils aient lu.*

4. PLUSQUE-PARFAIT.

Sing.	Leg issem,	*que j'eusse lu.*
	Leg isses,	*que tu eusses lu.*
	Leg isset,	*qu'il eût lu.*
Plur.	Leg issemus,	*que nous eussions lu.*
	Leg issetis,	*que vous eussiez lu.*
	Leg issent,	*qu'ils eussent lu.*

Autrement pour le françois :
J'aurois lu, tu aurois lu, il auroit lu; nous aurions lu, vous auriez lu, ils auroient lu.

INFINITIF.

1, 3. PRÉSENT. Leg ere, *lire.*

2, 4. PARFAIT. Leg isse, *avoir lu.*

PARTICIPES.

1, 3. PRÉSENT. Leg ens, tis, *lisant.*

5. FUTUR, Lect urus, a, um, *devant lire.*

2, 4. PASSÉ. (*Il manque.*) *ayant lu.*

INFINITIF OBLIGATIF.

5. PRÉSENT. Lect urus esse, *devoir lire.*

6. PARFAIT. Lect urus fuisse, *avoir dû lire.*

GÉRONDIFS.

Nom.	Legen dum,	*lire.*
Gén.	Legen di,	*de lire.*
Dat.	Legen do,	*à lire.*
Acc.	Legen dum,	*lire.*
Abl.	Legen do,	*de lire.*
SUPIN.	Lect um,	*lire.*

AINSI SE CONJUGUENT :

Vincere, vaincre; *occidere*, tuer; *scribere* (*scripsi*), écrire; *accipere*, *accipio*, recevoir, etc.

REM. Les Verbes en *ere*, qui ont le présent de l'Indicatif en *io*, comme *accipere*, *io*, recevoir, se conjuguent sur la quatrième Conjugaison, à leurs Temps formés du présent de l'Indicatif; EXEMP. *accipio*, *accipiebam*, *accipiam*, *accipiens*.

QUATRIÈME CONJUGAISON ACTIVE.

Les Verbes de la quatrième Conjugaison active ont le présent de l'Infinitif en *ire*, et le présent de l'Indicatif en *io*, *is*.

TEMPS PRÉSENS. TEMPS PASSÉS.

INDICATIF.

1. PRÉSENT.

Sing.	Aud io,	*j'entends.*
	Aud is,	*tu entends.*
	Aud it,	*il entend.*
Plur.	Aud imus,	*nous entendons.*
	Aud itis,	*vous entendez.*
	Aud iunt,	*ils entendent.*

FORMATION DES TEMPS PRÉSENS.

Du présent *audio*, on forme *audiebam*, *audiam*, *audiens*, en changeant *io* en *iebam*, en *iam*, en *iens*.

3. IMPARFAIT.

Sing.	Audieb am,	*j'entendois.*
	Audieb as,	*tu entendois.*
	Audieb at,	*il entendoit.*
Plur.	Audieb amus,	*nous entendions.*
	Audieb atis,	*vous entendiez.*
	Andieb ant,	*ils entendoient.*

5. FUTUR PRÉSENT.

Sing.	Aud iam,	*j'entendrai.*
	Aud ies,	*tu entendras.*
	Aud iet,	*il entendra.*
Plur.	Aud iemus,	*nous entendrons.*
	Aud ietis,	*vous entendrez.*
	Aud ient,	*ils entendront.*

IMPÉRATIF.

Point de premières personnes.

Sing.	Aud i, aud ito,	*entends.*
	Aud ito,	*qu'il entende.*
Plur.	Aud ite, *ou* itote,	*entendez.*
	Aud iunto,	*qu'ils entendent.*

2. PARFAIT.

Sing.	Audiv i,	*j'ai entendu.*
	Audiv isti,	*tu as entendu.*
	Audiv it,	*il a entendu.*
Plur.	Audiv imus,	*nous avons entendu.*
	Audiv istis,	*vous avez entendu.*
	Audiv erunt, ēre,	*ils ont entendu.*

Autrement pour le françois :
J'entendis, tu entendis, il entendit; nous entendîmes, vous entendîtes, ils entendirent.

4. PLUSQUE-PARFAIT.

Sing.	Audiv eram,	*j'avois entendu.*
	Audiv eras,	*tu avois entendu.*
	Audiv erat,	*il avoit entendu.*
Plur.	Audiv eramus,	*nous avions entendu.*
	Audiv eratis,	*vous aviez entendu.*
	Audiv erant,	*ils avoient entendu.*

6. FUTUR PASSÉ.

Sing.	Audiv ero,	*j'aurai entendu.*
	Audiv eris,	*tu auras entendu.*
	Audiv erit,	*il aura entendu.*
Plur.	Audiv erimus,	*nous aurons entendu.*
	Audiv eritis,	*vous aurez entendu.*
	Audiv erint,	*ils auront entendu.*

REM. On peut faire une *syncope* dans les Temps passés, c'est-à-dire en retrancher *ve*, *vi*, *v*; EX. *amârunt*, pour *amaverunt*; *implessem*, pour *implevissem*; *audieram*, *audissem*, pour *audiveram*, *audivissem*.

SUITE DE LA QUATRIEME CONJUGAISON ACTIVE.

TEMPS PRÉSENS. TEMPS PASSÉS.

SUBJONCTIF.

1. PRÉSENT.

Sing. Aud iam, *que j'entende.*
Aud ias, *que tu entendes,*
Aud iat, *qu'il entende.*
Plur. Aud iamus, *que nous entendions,*
Aud iatis, *que vous entendiez.*
Aud iant, *qu'ils entendent.*

3. IMPARFAIT.

Sing. Audir em, *que j'entendisse.*
Audir es, *que tu entendisses.*
Audir et, *qu'il entendît.*
Plur. Audir emus, *que nous entendissions,*
Audir etis, *que vous entendissiez.*
Audir ent, *qu'ils entendissent.*

Autrement pour le françois : *entendrois, tu entendrois, il entendroit; nous entendrions, vous entendriez, ils entendroient.*

2. PARFAIT.

Sing. Audiv erim, *que j'aie entendu.*
Audiv eris, *que tu aies entendu.*
Audiv erit, *qu'il ait entendu.*
Plur. Audiv erimus, *que nous ayons entendu.*
Audiv eritis, *que vous ayez entendu.*
Audiv erint, *qu'ils aient entendu.*

4. PLUSQUE-PARFAIT.

Sing. Audiv issem, *que j'eusse entendu.*
Audiv isses, *que tu eusses entendu.*
Audiv isset, *qu'il eût entendu.*
Plur. Audiv issemus, *que nous eussions entendu.*
Audiv issetis, *que vous eussiez entendu.*
Audiv issent, *qu'ils eussent entendu.*

Autrement pour le françois : *J'aurois entendu, tu aurois entendu, il auroit entendu; nous aurions entendu, vous auriez entendu, ils auroient entendu.*

INFINITIF.

3. PRÉSENT. Aud ire, *entendre.*

2. 4. PARFAIT. Audiv isse, *avoir entendu.*

PARTICIPES.

3. PRÉSENT. Aud iens, tis, *entendant.*
5. FUTUR. Audit urus, a, um, *devant entendre.*

2. 4. PASSÉ, (*Il manque.*) *ayant entendu.*

INFINITIF OBLIGATIF.

5. PRÉSENT. Audit urus esse, *devoir entendre.*

6. PARFAIT. Audit urus fuisse, *avoir dû entendre.*

GÉRONDIFS.

Nom. Audien dum, *entendre.*
Gén. Audien di, *d'entendre.*
Dat. Audien do, *à entendre.*
Acc. Audien dum, *entendre.*
Abl. Audien do, *d'entendre.*

SUPIN. Audit um, *entendre.*

AINSI SE CONJUGUENT :

Aperire, ouvrir; *munire*, fortifier; *aperire*, ouvrir; *punire*, punir etc.

FORMATION DES GÉRONDIFS ET LEUR DÉCLINAISON.

Du Participe présent on forme les Gérondifs, en changeant *s* en *dum, di, do*. etc.; EX. *amans, amandum; monens, monendum; legens, legendum; audiens, audiendum.*

Les Gérondifs sont le Participe en *dus, da, dum*, décliné au singulier neutre sur *Templum.*

PREMIÈRE CONJUGAISON PASSIVE.

Les Verbes de la première Conjugaison passive ont le présent de l'Infinitif en *ari*, et le présent de l'Indicatif en *or*, *aris*.

TEMPS PRÉSENS.

INDICATIF.

1. PRÉSENT.

Sing.	Am or,	*je suis aimé.*
	Am aris, are,	*tu es aimé.*
	Am atur,	*il est aimé.*
Plur.	Am amur,	*nous sommes aimés.*
	Am amini,	*vous êtes aimés.*
	Am antur,	*ils sont aimés.*

FORMATION DES TEMPS PRÉSENS DU PASSIF D'APRÈS L'ACTIF.

Les Temps présens du passif se forment de l'actif, d'après les règles suivantes : 1. *o* prend *r*, *m* se change en *r* ; 2. *s* fait *ris* ou *re*, mais *bis* fait *beris*, *bere* ; 3. *t* prend *ur* ; 4. *mus* fait *mur* ; 5. *tis*, font *mini* ; 6. *are* fait *ari*.

3. IMPARFAIT.

Sing.	Amab ar,	*j'étois aimé,*
	Amab aris, are,	*tu étois aimé.*
	Amab atur,	*il étoit aimé.*
Plur.	Amab amur,	*nous étions aimés,*
	Amab amini,	*vous étiez aimés.*
	Amab antur,	*ils étoient aimés.*

5. FUTUR PRÉSENT.

Sing.	Amab or,	*je serai aimé.*
	Amab eris, ere,	*tu seras aimé.*
	Amab itur,	*il sera aimé.*
Plur.	Amab imur,	*nous serons aimés.*
	Amab imini,	*vous serez aimés.*
	Amab untur,	*ils seront aimés.*

IMPÉRATIF.

Point de premières personnes.

Sing.	Am are, *ou* am ator,	*sois aimé.*
	Am ator,	*qu'il soit aimé.*
Plur.	Am amini,	*soyez aimés.*
	Am antor,	*qu'ils soient aimés.*

TEMPS PASSÉS.

2. PARFAIT.

S.	Amat us sum	*ou* fui,	*j'ai été*
	Amat us es	*ou* fuisti,	*tu as été*
	Amat us est	*ou* fuit,	*il a été*
P.	Amat i sumus	*ou* fuimus,	*nous avons été*
	Amat i estis	*ou* fuistis,	*vous avez été*
	Amat i sunt,	*ou* fuerunt, êre,	*ils ont été*

aimé, és.

Autrement pour le françois :

Je fus aimé, tu fus aimé, il fut aimé ; nous fûmes aimés, vous fûtes aimés, ils furent aimés.

4. PLUSQUE-PARFAIT.

S.	Amat us eram	*ou* fueram,	*j'avois été*
	Amat us eras	*ou* fueras,	*tu avois été*
	Amat us erat	*ou* fuerat,	*il avoit été*
P.	Amat i eramus	*ou* fueramus,	*nous avions été*
	Amat i eratis	*ou* fueratis,	*vous aviez été*
	Amat i erant	*ou* fuerant,	*ils avoient été*

aimé, és.

6. FUTUR PASSÉ.

S.	Amat us ero	*ou* fuero,	*j'aurai été*
	Amat us eris	*ou* fueris,	*tu auras été*
	Amat us erit	*ou* fuerit,	*il aura été*
P.	Amat i erimus	*ou* fuerimus,	*nous aurons été*
	Amat i eritis,	*ou* fueritis,	*vous aurez été*
	Amat i erunt	*ou* fuerint,	*ils auront été*

aimé, és.

FORMATION DES TEMPS PASSÉS DU PASSIF.

Les Temps passés du passif se forment du Participe passé passif avec deux Temps du Verbe *Sum*, pris de front, l'un dans les présens, l'autre dans les passés. (Voyez le Verbe *Sum*.)

SUITE DE LA PREMIERE CONJUGAISON PASSIVE.

TEMPS PRESENS. TEMPS PASSÉS.

SUBJONCTIF.

1. PRÉSENT.

Sing.	Am er,	*que je sois aimé.*
	Am eris, ere,	*que tu sois aimé.*
	Am etur,	*qu'il soit aimé.*
Plur.	Am emur,	*que nous soyons aimés.*
	Am emini,	*que vous soyez aimés.*
	Am entur,	*qu'ils soient aimés.*

2. PARFAIT.

S.	Amat us sim	*ou* fuerim,	*que j'aie été*	*aimé,*
	Amat us sis	*ou* fueris,	*que tu aies été*	
	Amat us sit	*ou* fuerit,	*qu'il ait été*	
P.	Amat i simus	*ou* fuerimus,	*que n. ayons été*	*és.*
	Amat i sitis	*ou* fueritis,	*que v. ayez été*	
	Amat i sint	*ou* fuerint,	*qu'ils aient été*	

3. IMPARFAIT.

Sing.	Amar er,	*que je fusse aimé.*
	Amar eris, ere,	*que tu fusses aimé.*
	Amar etur,	*qu'il fût aimé.*
Plur.	Amar emur,	*que nous fussions aimés.*
	Amar emini,	*que vous fussiez aimés.*
	Amar entur,	*qu'ils fussent aimés.*

Autrement pour le françois :

Je serois aimé, tu serois aimé, il seroit aimé ; nous serions aimés, vous seriez aimés, ils seroient aimés.

4. PLUSQUE-PARFAIT.

S.	Amat us essem	*ou* fuissem,	*que j'eusse été*	*aimé,*
	Amat us esses	*ou* fuisses,	*que tu eusses été*	
	Amat us esset	*ou* fuisset,	*qu'il eût été*	
P.	Amat i essemus	*ou* fuissemus,	*q. n. eussions été*	*és.*
	Amat i essetis,	*ou* fuissetis,	*q. v. eussiez été*	
	Amat i essent	*ou* fuissent,	*qu'ils eussent été*	

Autrement pour le françois :

J'aurois été aimé, tu aurois été aimé, il auroit été aimé ; nous aurions été aimés, vous auriez été aimés, ils auroient été aimés.

INFINITIF.

1. 3. PRÉSENT.

Am ari, *être aimé.*

2. 4. PARFAIT.

Amat us esse *ou* fuisse, *avoir été aimé.*

PARTICIPES.

1. 3. PRÉSENT.

(*Il manque.*) *étant aimé.*

2. 4. PASSÉ.

Amat us, a, um, *aimé, ée ; ayant été aimé, ée.*

5. FUTUR.

Aman dus, a, um, *devant être aimé.*

INFINITIF OBLIGATIF.

5. PRÉSENT.

Aman dus esse *ou* amatum iri, *devoir être aimé.*

6. PARFAIT.

Aman dus fuisse, *avoir dû être aimé.*

SUPIN.

Amat u, *à être aimé.*

AINSI SE CONJUGUENT :

Laudari, être loué ; *vituperari*, être blâmé ; *verberari*, être frappé ; *vocari*, être appelé, etc.

DEUXIÈME CONJUGAISON PASSIVE.

Les Verbes de la deuxième Conjugaison passive ont le présent de l'Infinitif en *eri*, et le présent de l'Indicatif en *eor, eris*.

INDICATIF.

TEMPS PRÉSENS.

1. PRÉSENT.

Sing. Mon eor, *je suis averti.*
Mon eris, ere, *tu es averti.*
Mon etur; *il est averti.*
Plur. Mon emur, *nous sommes avertis.*
Mon emini, *vous êtes avertis.*
Mon entur. *ils sont avertis.*

FORMATION DES TEMPS PRÉSENS DU PASSIF D'APRÈS L'ACTIF.

1. *o* prend *r*. *m* se change en *r*; 2. *s* fait *ris* ou *re* mais *bis* fait *beris*, *bere*; 3. *t* prend *ur*; 4. *mus* fait *mur*; 5. *us*, *te* font *mini*; 6. *ere* fait *eri*.

3. IMPARFAIT.

Sing. Moneb ar, *j'étois averti.*
Moneb aris, are, *tu étois averti.*
Moneb atur, *il étoit averti.*
Plur. Moneb amur, *nous étions avertis.*
Moneb amini, *vous étiez avertis.*
Moneb antur, *ils étoient avertis.*

5. FUTUR PRÉSENT.

Sing. Moneb or, *je serai averti.*
Moneb eris, ere, *tu seras averti*
Moneb itur, *il sera averti.*
Plur. Moneb imur, *nous serons avertis.*
Moneb imini, *vous serez avertis.*
Moneb untur, *ils seront avertis.*

IMPÉRATIF.

Point de premières personnes.

Sing. Mon ere *ou* etor, *sois averti.*
Mon etor, *qu'il soit averti.*
Plur. Mon emini, *soyez avertis.*
Mon entor, *qu'ils soient avertis.*

TEMPS PASSÉS.

2. PARFAIT.

S. Monit us sum *ou* fui, *j'ai été*
Monit us es *ou* fuisti, *tu as été*
Monit us est *ou* fuit, *il a été*
P. Monit i sumus *ou* fuimus, *nous avons été*
Monit i estis *ou* fuistis, *vous avez été*
Monit i sunt *ou* fuerunt, ére, *ils ont été*
averti, is.

Autrement pour le françois :

Je fus averti, tu fus averti, il fut averti: nous fûmes avertis, vous fûtes avertis, ils furent avertis.

4. PLUSQUE PARFAIT.

S. Monit us eram *ou* fueram, *j'avois été*
Monit us eras *ou* fueras, *tu avois été*
Monit us erat *ou* fuerat, *il avoit été*
P. Monit i erimus *ou* fueramus, *nous avions été*
Monit i eratis *ou* fueratis, *vous aviez été*
Monit i erant *ou* fuerant, *ils avoient été*
averti, is.

6. FUTUR PASSÉ.

S. Monit us ero *ou* fuero, *j'aurai été*
Monit us eris *ou* fueris, *tu auras été*
Monit us erit *ou* fuerit, *il aura été*
P. Monit i erimus *ou* fuerimus, *nous aurons été*
Monit i eritis *ou* fueritis, *vous aurez été*
Monit i erunt *ou* fuerint, *ils auront été*
averti, is.

FORMATION DE L'IMPÉRATIF PASSIF.

L'Impératif passif est toujours semblable au présent de l'Infinitif actif; EX. *amare*, aimer; *amare*, sois aimé; *monere*, avertir, *monere*, sois averti; *legere*, lire, *legere*, sois lu, etc.

SUITE DE LA DEUXIÈME CONJUGAISON PASSIVE.

TEMPS PRÉSENS. TEMPS PASSÉS.

SUBJONCTIF.

1. PRÉSENT.

g. Mon ear, *que je sois averti.*
Mon earis, eare, *que tu sois averti.*
Mon eatur, *qu'il soit averti.*
r. Mon eamur, *que nous soyons avertis.*
Mon eamini, *que vous soyez avertis.*
Mon eantur, *qu'ils soient avertis.*

3. IMPARFAIT.

g. Moner er, *que je fusse averti.*
Moner eris, ere, *que tu fusses averti.*
Moner etur, *qu'il fût averti.*
r. Moner emur, *que nous fussions avertis.*
Moner emini, *que vous fussiez avertis.*
Moner entur, *qu'ils fussent avertis.*

Autrement pour le françois :
erois averti, tu serois averti, il seroit averti; nous serions avertis, vous seriez avertis, ils seroient avertis.

2. PARFAIT.

S. Monit us sim ou fuerim, *que j'aie été*
Monit us sis ou fueris, *que tu aies été*
Monit us sit ou fuerit, *qu'il ait été*
P. Monit i simus ou fuerimus, *que n. ayons été*
Monit i sitis ou fueritis, *que v. ayez été*
Monit i sint ou fuerint, *qu'ils aient été*
averti, is.

4. PLUSQUE-PARFAIT.

S. Monit us essem ou fuissem, *que j'eusse été*
Monit us esses ou fuisses, *que tu eusses été*
Monit us esset ou fuisset, *qu'il eût été*
P. Monit i essemus ou fuissemus, *q. n. eussions été*
Monit i essetis, ou fuissetis, *q. v. eussiez été*
Monit i essent ou fuissent, *qu'ils eussent été*
averti, is.

Autrement pour le françois :
J'aurois été averti, tu aurois été averti, il auroit été averti; nous aurions été avertis, vous auriez été avertis, ils auroient été avertis.

INFINITIF.

1. 3. PRÉSENT.

Ion eri, *être averti.*

2. 4. PARFAIT.

Monit us esse ou fuisse, *avoir été averti.*

PARTICIPES.

1. 3. PRÉSENT.

Il manque.) *étant averti.*

5. FUTUR.

Ionen dus, a, um, *devant être averti.*

2. 4. PASSÉ.

Monit us, a, um, *averti, ie; ayant été averti, ie.*

INFINITIF OBLIGATIF.

5. PRÉSENT.

Ionen dus esse ou monitum iri, *devoir être averti.*

6. PARFAIT.

Monen dus fuisse, *avoir dû être averti.*

SUPIN.

Ionit u, *à être averti.*

AINSI SE CONJUGUENT :

oceri, être instruit; *terreri*, être épouvanté; *teneri*, être tenu; *ri*, être empli, etc.

REM. Les lettres qui se trouvent entre la racine d'un Verbe et sa terminaison, s'appellent syllabe *figurative*. L'étude de cette *figurative* peut donner de grandes facilités dans la version.

TROISIÈME CONJUGAISON PASSIVE.

Les Verbes de la troisième Conjugaison passive ont le présent de l'Infinitif en *i*, et le présent de l'Indicatif en *or*, *eris*, ou en *ior*, *ieris*.

TEMPS PRÉSENS.

INDICATIF.

1. PRÉSENT.

Sing.	Leg or,	*je suis lu.*
	Leg eris, ere,	*tu es lu.*
	Leg itur,	*il est lu.*
Plur.	Leg imur,	*nous sommes lus.*
	Leg imini,	*vous êtes lus.*
	Leg untur,	*ils sont lus.*

FORMATION DES TEMPS PRÉSENS DU PASSIF D'APRÈS L'ACTIF.

1. *o* prend *r*, *m* se change en *r*; 2. *s* fait *ris* ou *re*, mais *legis* fait *legeris*, *legere*; 3. *t* prend *ur*; 4. *mus* fait *mur*; 5. *tis*, *te* font *mini*; 6. *ere* fait *i*.

3. IMPARFAIT.

Sing.	Legeb ar,	*j'étois lu.*
	Legeb aris, are,	*tu étois lu.*
	Legeb atur,	*il étoit lu.*
Plur.	Legeb amur,	*nous étions lus.*
	Legeb amini,	*vous étiez lus.*
	Legeb antur,	*ils étoient lus.*

5. FUTUR PRÉSENT.

Sing.	Leg ar,	*je serai lu.*
	Leg eris, ere,	*tu seras lu.*
	Leg etur,	*il sera lu.*
Plur.	Leg emur,	*nous serons lus.*
	Leg emini,	*vous serez lus.*
	Leg entur,	*ils seront lus.*

IMPÉRATIF.

Point de premières personnes.

Sing.	Leg ere, *ou* itor,	*sois lu.*
	Leg itor,	*qu'il soit lu.*
Plur.	Leg imini,	*soyez lus.*
	Leg untor,	*qu'ils soient lus.*

TEMPS PASSÉS.

2. PARFAIT.

S.	Lect us sum	*ou* fui,	*j'ai été*	*lu, lus.*
	Lect us es	*ou* fuisti,	*tu as été*	
	Lect us est	*ou* fuit,	*il a été*	
P.	Lect i sumus	*ou* fuimus,	*nous avons été*	
	Lect i estis	*ou* fuistis,	*vous avez été*	
	Lect i sunt,	*ou* fuerunt, ēre,	*ils ont été*	

Autrement pour le françois :

Je fus lu, tu fus lu, il fut lu; nous fûmes lus, vous fûtes lus, ils furent lus.

4. PLUSQUE-PARFAIT.

S.	Lect us eram	*ou* fueram,	*j'avois été*	*lu, lus.*
	Lect us eras	*ou* fueras,	*tu avois été*	
	Lect us erat	*ou* fuerat,	*il avoit été*	
P.	Lect i eramus	*ou* fueramus,	*nous avions été*	
	Lect i eratis	*ou* fueratis,	*vous aviez été*	
	Lect i erant	*ou* fuerant,	*ils avoient été*	

6. FUTUR PASSÉ.

S.	Lect us ero	*ou* fuero,	*j'aurai été*	*lu, lus.*
	Lect us eris	*ou* fueris,	*tu auras été*	
	Lect us erit	*ou* fuerit,	*il aura été*	
P.	Lect i erimus	*ou* fuerimus,	*nous aurons été*	
	Lect i eritis,	*ou* fueritis,	*vous aurez été*	
	Lect i erunt	*ou* fuerint,	*ils auront été*	

FORMATION DU PARTICIPE PASSÉ DU PASSIF.

Le Participe passé du passif se forme du Supin en *um*, en changeant *um* en *us*, *a*, *um*; EX. *amatum*, Part. *amatus*, *a*, *um*; *monitum*, Part. *monitus*, *a*, *um*; *lectum*, Part. *lectus*, *a*, *um*, etc.

SUITE DE LA TROISIÈME CONJUGAISON PASSIVE.

TEMPS PRÉSENS. | TEMPS PASSÉS.

SUBJONCTIF.

1. PRÉSENT.

Sing.	Leg ar,	*que je sois lu.*
	Leg aris, are,	*que tu sois lu.*
	Leg atur,	*qu'il soit lu.*
Plur.	Leg amur,	*que nous soyons lus.*
	Leg amini,	*que vous soyez lus.*
	Leg antur,	*qu'ils soient lus.*

3. IMPARFAIT.

Sing.	Leger er,	*que je fusse lu.*
	Leger eris, ere,	*que tu fusses lu.*
	Leger etur,	*qu'il fût lu.*
Plur.	Leger emur,	*que nous fussions lus.*
	Leger emini,	*que vous fussiez lus.*
	Leger entur,	*qu'ils fussent lus.*

Autrement pour le françois :
serois lu, tu serois lu, il seroit lu; nous serions lus, vous seriez lus, ils seroient lus.

2. PARFAIT.

S.	Lect us sim	*ou* fuerim,	*que j'aie été* lu,
	Lect us sis	*ou* fueris,	*que tu aies été* lu,
	Lect us sit	*ou* fuerit,	*qu'il ait été* lu,
P.	Lect i simus	*ou* fuerimus,	*que nous ayons été* lus.
	Lect i sitis	*ou* fueritis,	*que vous ayez été* lus.
	Lect i sint	*ou* fuerint,	*qu'ils aient été* lus.

4. PLUSQUE-PARFAIT.

S.	Lect us essem	*ou* fuissem,	*que j'eusse été* lu,
	Lect us esses	*ou* fuisses,	*que tu eusses été* lu,
	Lect us esset	*ou* fuisset,	*qu'il eût été* lu,
P.	Lect i essemus	*ou* fuissemus,	*que n. eussions été* lus.
	Lect i essetis	*ou* fuissetis,	*que v. eussiez été* lus.
	Lect i essent	*ou* fuissent,	*qu'ils eussent été* lus.

Autrement pour le françois :
J'aurois été lu, tu aurois été lu, il auroit été lu; nous aurions été lus, vous auriez été lus, ils auroient été lus.

INFINITIF.

1. 3. PRÉSENT.

Leg i, *être lu.*

2. 4. PARFAIT.

Lect us esse *ou* fuisse, *avoir été lu.*

PARTICIPES.

1. 3. PRÉSENT.

(*Il manque.*) *étant lu.*

5. FUTUR.

Legen dus, a, um, *devant être lu.*

2. 4. PASSÉ.

Lect us, a, um, *lu, lue; ayant été lu, lue.*

INFINITIF OBLIGATIF.

5. PRÉSENT.

Legen dus esse *ou* lectum iri, *devoir être lu.*

6. PARFAIT.

Legen dus fuisse, *avoir dû être lu.*

UPIN. Lect u, *à être lu.*

AINSI SE CONJUGUENT :

inci, être vaincu; *occidi*, être tué; *scribi*, être écrit; *accipi*-*ior*, être reçu, etc.

REM. Les Verbes en *i*, qui ont le présent de l'Indicatif en *ior*, prennent un *i* à leurs Temps présens, selon la Conjugaison d'*audior*.

QUATRIÈME CONJUGAISON PASSIVE.

Les Verbes de la quatrième Conjugaison passive ont le présent de l'Infinitif en *iri*, et le présent de l'Indicatif en *ior, iris*.

TEMPS PRÉSENS. TEMPS PASSÉS.

INDICATIF.

1. PRÉSENT.

Sing.	Aud ior,	*je suis entendu.*
	Aud iris, ire,	*tu es entendu.*
	Aud itur,	*il est entendu.*
Plur.	Aud imur,	*nous sommes entendus.*
	Aud imini,	*vous êtes entendus.*
	Aud iuntur,	*ils sont entendus.*

FORMATION DES TEMPS PRÉSENS DU PASSIF D'APRÈS L'ACTIF.

1. *o* prend *r*, *m* se change en *r*; 2. *s* fait *ris* ou *re*; 3. *t* prend *ur*; 4. *mus* fait *mur*; 5. *tis*, *te* font *mini*; 6. *ire* fait *iri*.

3. IMPARFAIT.

Sing.	Audieb ar,	*j'étois entendu.*
	Audieb aris, are,	*tu étois entendu.*
	Audieb atur,	*il étoit entendu.*
Plur.	Audieb amur,	*nous étions entendus.*
	Audieb amini,	*vous étiez entendus.*
	Audieb antur,	*ils étoient entendus.*

5. FUTUR PRÉSENT.

Sing.	Aud iar,	*je serai entendu.*
	Aud ieris, iere,	*tu seras entendu.*
	Aud ietur,	*il sera entendu.*
Plur.	Aud iemur,	*nous serons entendus.*
	Aud iemini,	*vous serez entendus.*
	Aud ientur,	*ils seront entendus.*

IMPÉRATIF.

Point de premières personnes.

Sing.	Aud ire ou itor,	*sois entendu.*
	Aud itor,	*qu'il soit entendu.*
Plur.	Aud imini,	*soyez entendus.*
	Aud iuntor,	*qu'ils soient entendus.*

2. PARFAIT.

S.	Audit us sum	*ou* fui,	*j'ai été*
	Audit us es	*ou* fuisti,	*tu as été*
	Audit us est	*ou* fuit,	*il a été*
P.	Audit i sumus	*ou* fuimus,	*nous avons été*
	Audit i estis	*ou* fuistis,	*vous avez été*
	Audit i sunt	*ou* fuerunt, ére,	*ils ont été*

entendu, us.

Autrement pour le françois :

Je fus entendu, tu fus entendu, il fut entendu; nous fûmes entendus, vous fûtes entendus, ils furent entendus.

4. PLUSQUE-PARFAIT.

S.	Audit us eram	*ou* fueram,	*j'avois été*
	Audit us eras	*ou* fueras,	*tu avois été*
	Audit us erat	*ou* fuerat,	*il avoit été*
P.	Audit i eramus	*ou* fueramus,	*nous avions été*
	Audit i eratis	*ou* fueratis,	*vous aviez été*
	Audit i erant	*ou* fuerant,	*ils avoient été*

entendu, us.

6. FUTUR PASSÉ.

S.	Audit us ero	*ou* fuero,	*j'aurai été*
	Audit us eris	*ou* fueris,	*tu auras été*
	Audit us erit	*ou* fuerit,	*il aura été*
P.	Audit i erimus	*ou* fuerimus,	*nous aurons été*
	Audit i eritis	*ou* fueritis,	*vous aurez été*
	Audit i erunt	*ou* fuerint,	*ils auront été*

entendu, us.

REM. Les finales des Temps passés actifs indiquent les Temps du Verbe *Sum*, qui entrent dans les mêmes Temps passifs; il suffit d'ajouter *fu* au second Temps. En effet *i* donne *fui*, *eram* donne *fueram*, *ero* donne *fuero*, etc.

La racine du parfait actif donne souvent, par un léger changement, le Participe passé passif; c'est ainsi que *amav* donne *amatus*, et que *audiv* donne *auditus*, en changeant *v* en *tus*.

SUITE DE LA QUATRIÈME CONJUGAISON PASSIVE.

TEMPS PRÉSENS. TEMPS PASSÉS.

SUBJONCTIF.

1. PRÉSENT.

...ng.	Aud iar,	que je sois entendu.
	Aud iaris, iare,	que tu sois entendu.
	Aud iatur,	qu'il soit entendu.
...lur.	Au l iamur,	que nous soyons entendus.
	Aud iamini,	que vous soyez entendus.
	Aud iantur,	qu'ils soient entendus.

3. IMPARFAIT.

...ng.	Audir er,	que je fusse entendu.
	Audir eris, ere,	que tu fusses entendu.
	Audir etur,	qu'il fût entendu.
...ur.	Audir emur,	que nous fussions entendus.
	Audir emini,	que vous fussiez entendus.
	Audir entur,	qu'ils fussent entendus.

Autrement pour le françois :
...serois entendu, tu serois entendu, il seroit entendu, nous serions entendus, vous seriez entendus, ils seroient entendus.

2. PARFAIT.

S. Audit us sim	ou fuerim,	que j'aie été	*entendu, us.*
Audit us sis	ou fueris,	que tu aies été	
Audit us sit	ou fuerit,	qu'il ait été	
P. Audit i simus	ou fuerimus,	que n. ayons été	
Audit i sitis	ou fueritis,	que v. ayez été	
Audit i sint	ou fuerint,	qu'ils aient été	

4. PLUSQUE-PARFAIT.

S. Audit us essem	ou fuissem,	que j'eusse été	*entendu, us.*
Audit us esses	ou fuisses,	que tu eusses été	
Audit us esset	ou fuisset,	qu'il eût été	
P. Audit i essemus	ou fuissemus,	q. n. eussions été	
Audit i essetis	ou fuissetis,	q. v. eussiez été	
Audit i essent	ou fuissent,	qu'ils eussent été	

Autrement pour le françois :
...'aurois été entendu, tu aurois été entendu, il auroit été entendu; nous aurions été entendus, vous auriez été entendus, ils auroient été entendus.

INFINITIF.

1. 3. PRÉSENT.

...d iri, *être entendu.*

2. 4. PARFAIT.

Audit us esse *ou* fuisse, *avoir été entendu.*

PARTICIPES.

1. 3. PRÉSENT.

(Il manque.) *étant entendu.*

5. FUTUR.

...dien dus, a, um, *devant être entendu.*

2. 4. PASSÉ.

Audit us, a, um, *entendu, ue; ayant été entendu, ue.*

INFINITIF OBLIGATIF.

5. PRÉSENT.

...dien dus esse *ou* auditum iri, *devoir être entendu.*

6. PARFAIT.

Audien dus fuisse, *avoir dû être entendu.*

SUPIN. Audi tu, *à être entendu.*

AINSI SE CONJUGUENT :

...periri, être ouvert; *muniri*, être fortifié; *puniri*, être puni; *...eliri*, être enseveli, etc.

FORMATION DU SUPIN EN *u*.

Le Supin en *u* se forme du Supin en *um*, en retranchant *m*.

DES DIFFÉRENTES ESPÈCES DE VERBES ET DE LEUR CONJUGAISON.

Il faut distinguer dans les Verbes la *signification* et la *Conjugaison*.

Les Verbes sont, par leur signification, *actifs*, *passifs* ou *neutres*. Ils ont la Conjugaison *active* ou *passive*, ou ils se rapportent au Verbe *Sum*.

1. DU VERBE ACTIF.

Le Verbe *actif* est celui dont le sujet fait une action qui retombe sur un autre, comme *amo*, j'aime ; EX. *amo patrem*, j'aime mon père.

Le Verbe *actif* de conjugaison *active*, comme *amo*, j'aime, s'appelle simplement *actif*.

2. DU VERBE PASSIF.

Le Verbe *passif* est celui dont le sujet éprouve une action faite par un autre, comme *amor*, je suis aimé ; EX. *amor à patre*, je suis aimé de mon père.

Ce Verbe est toujours de conjugaison *passive*, et se nomme simplement *passif*.

3. DU VERBE NEUTRE.

Le Verbe *neutre* est celui qui n'est ni *actif* ni *passif*. Il exprime l'état du sujet, ou une action qui ne sort pas du sujet, comme *ego sum*, je suis ; *dormio*, je dors ; *studeo*, je suis appliqué.

Quand un Verbe *neutre* n'est pas de conjugaison *passive*, comme *dormio*, je dors, il se nomme simplement *neutre*.

4. DU VERBE DÉPONENT.

Le Verbe *déponent* est celui qui a la signification *active* ou *neutre*, et qui a la conjugaison *passive* ; on l'appelle *déponent*, du Verbe latin *deponere*, déposer, parce qu'il a quitté la conjugaison *active*.

Le Verbe *déponent* de signification *active*, comme *imitor*, j'imite, s'appelle *déponent actif*.

Le Verbe *déponent* de signification *neutre*, comme *utor*, je fais usage, s'appelle *déponent neutre*.

5. Du Verbe obligatif.

Le Verbe *obligatif* est celui qui exprime qu'une action va se faire ou doit se faire, comme *amaturus sum*, je vais aimer *ou* je dois aimer; *amandus sum*, je vais être aimé *ou* je dois être aimé.

Tous les Verbes qui ont un Supin ou un Participe futur, ont un obligatif de même nature. On exprime son infinitif à la fin de chaque Verbe conjugué.

6. Du Verbe impersonnel.

Le Verbe *impersonnel* est celui qui ne s'emploie qu'à la troisième personne du singulier, ou qui paroît n'avoir point de sujet, comme *oportet*, il faut; *me pœnitet*, il me fait peine; *est*, il est; *pluit*, il pleut; *dicitur*, on dit; *statur*, on s'arrête, etc.

Nous allons donner des exemples de Conjugaison pour les quatre dernières espèces de Verbes.

EO, *VERBE NEUTRE IRRÉGULIER DE LA QUATRIÈME CONJUGAISON ACTIVE.*

INDICATIF.

TEMPS PRÉSENS.

1. PRÉSENT.

Sing.	Eo,	*je vas* ou *je vais.*
	Is,	*tu vas.*
	It,	*il va.*
Plur.	Imus,	*nous allons.*
	Itis,	*vous allez.*
	Eunt,	*ils vont.*

TEMPS PRIMITIFS.

Eo, ivi, itum, ire, *aller.*

3. IMPARFAIT.

Sing.	Ib am,	*j'allois.*
	Ib as,	*tu allois.*
	Ib at,	*il alloit.*
Plur.	Ib amus,	*nous allions.*
	Ib atis,	*vous alliez.*
	Ib ant,	*ils alloient.*

5. FUTUR PRÉSENT.

Sing.	Ib o,	*j'irai.*
	Ib is,	*tu iras.*
	Ib it,	*il ira.*
Plur.	Ib imus,	*nous irons.*
	Ib itis,	*vous irez.*
	Ib unt,	*ils iront.*

IMPÉRATIF.

Point de premières personnes.

Sing.	I, ito,	*vas.*
	Ito,	*qu'il aille.*
Plur.	Ite, itote,	*allez.*
	Eunto,	*qu'ils aillent.*

TEMPS PASSÉS.

2. PARFAIT.

Sing.	Iv i,	*je suis allé.*
	Iv isti,	*tu es allé.*
	Iv it,	*il est allé.*
Plur.	Iv imus,	*nous sommes allés.*
	Iv istis,	*vous êtes allés.*
	Iv erunt, ere,	*ils sont allés.*

Autrement pour le françois :

J'allai, tu allas, il allât; nous allames, vous allâtes, ils allèrent.

4. PLUSQUE-PARFAIT.

Sing.	Iv eram,	*j'étois allé.*
	Iv eras,	*tu étois allé.*
	Iv erat,	*il étoit allé.*
Plur.	Iv eramus,	*nous étions allés.*
	Iv eratis,	*vous étiez allés.*
	Iv erant,	*ils étoient allés.*

6. FUTUR PASSÉ.

Sing.	Iv ero,	*je serai allé.*
	Iv eris,	*tu seras allé.*
	Iv erit,	*il sera allé.*
Plur.	Iv erimus,	*nous serons allés.*
	Iv eritis,	*vous serez allés.*
	Iv erint,	*ils seront allés.*

REM. Quand les Temps passés d'un Verbe neutre françois sont rmés de l'auxiliaire *être*, ils sont semblables aux Temps présens passif. C'est par leur signification qu'on doit les distinguer.

EO, *Suite du Verbe neutre irrégulier de la quatrième Conjugaison active.*

TEMPS PRÉSENS. TEMPS PASSÉS.

SUBJONCTIF.

1. PRÉSENT.

Sing.	Eam,	*que j'aille.*
	Eas,	*que tu alles.*
	Eat,	*qu'il aille.*
Plur.	Eamus,	*que nous allions.*
	Eatis,	*que vous alliez.*
	Eant,	*qu'ils aillent.*

3. IMPARFAIT.

Sing.	Ir em,	*que j'allasse.*
	Ir es,	*que tu allasses.*
	Ir et,	*qu'il allât.*
Plur.	Ir emus,	*que nous allassions.*
	Ir etis,	*que vous allassiez.*
	Ir ent,	*qu'ils allassent.*

Autrement pour le françois :
J'irois, tu irois, il iroit; nous irions, vous iriez, ils iroient.

2. PARFAIT.

Sing.	Iv erim,	*que je sois allé.*
	Iv eris,	*que tu sois allé.*
	Iv erit,	*qu'il soit allé.*
Plur.	Iv erimus,	*que nous soyons allés.*
	Iv eritis,	*que vous soyez allés.*
	Iv erint,	*qu'ils soient allés.*

4. PLUSQUE-PARFAIT.

Sing.	Iv issem,	*que je fusse allé.*
	Iv isses,	*que tu fusses allé.*
	Iv isset,	*qu'il fût allé.*
Plur.	Iv issemus,	*que nous fussions allés.*
	Iv issetis,	*que vous fussiez allés.*
	Iv issent,	*qu'ils fussent allés.*

Autrement pour le françois :
Je serois allé, tu serois allé, il seroit allé; nous serions allés, vous seriez allés, ils seroient allés.

INFINITIF.

1. 3. PRÉSENT. Ire, *aller.*

2. 4. PARFAIT. Iv isse, *être allé.*

PARTICIPES.

1. 3. PRÉSENT. Iens, euntis, *allant.*
5. FUTUR. Itur us, a, um, *devant aller.*

2. 4. PASSÉ. (*Il manque.*) *étant allé.*

INFINITIF OBLIGATIF.

5. PRÉSENT. Itur us esse, *devoir aller.*

6. PARFAIT. It urus fuisse, *avoir dû aller.*

GÉRONDIFS.

Nom.	Eun dum,	*aller.*
Gén.	Eun di,	*d'aller.*
Dat.	Eun do,	*à aller.*
Acc.	Eun dum,	*aller.*
Abl.	Eun do,	*de aller.*

SUPIN. It um, *aller.* It u, *à aller.*

On conjugue sur *eo*, ses composés :

Exire, sortir; *perire*, périr; *redire*, revenir, *adire*, aller trouver; *transire*, aller au-delà, *prœterire*; passer outre ou passer auprès.

IMITOR, VERBE DÉPONENT ACTIF DE LA PREMIÈRE CONJUGAISON.

TEMPS PRÉSENS.

INDICATIF.

1. PRÉSENT.

Sing.	Imit or,	*j'imite.*
	Imit aris, are,	*tu imites.*
	Imit atur,	*il imite.*
Plur.	Imit amur,	*nous imitons.*
	Imit amini,	*vous imitez.*
	Imit antur,	*ils imitent.*

TEMPS PRIMITIFS.

Imitor, imitatus sum, imitari, *imiter.*

REM. Le Participe *imitatus* indique le Supin *imitatum.*

3. IMPARFAIT.

Sing.	Imitab ar,	*j'imitois.*
	Imitab aris, are,	*tu imitois.*
	Imitab atur,	*il imitoit.*
Plur.	Imitab amur,	*nous imitions.*
	Imitab amini,	*vous imitiez.*
	Imitab antur,	*ils imitoient.*

5. FUTUR PRÉSENT.

Sing.	Imitab or,	*j'imiterai.*
	Imitab eris, ere,	*tu imiteras.*
	Imitab itur,	*il imitera.*
Plur.	Imitab imur,	*nous imiterons.*
	Imitab imini,	*vous imiterez.*
	Imitab untur,	*ils imiteront.*

IMPÉRATIF.

Point de premières personnes.

Sing.	Imit are *ou* ator,	*imite.*
	Imit ator,	*qu'il imite.*
Plur.	Imit amini,	*imitez.*
	Imit antor,	*qu'ils imitent.*

TEMPS PASSÉS.

2. PARFAIT.

S.	Imitat us sum	*ou* fui,	*j'ai imité.*
	Imitat us es	*ou* fuisti,	*tu as imité.*
	Imitat us est	*ou* fuit,	*il a imité.*
P.	Imitat i sumus	*ou* fuimus,	*nous avons imité.*
	Imitat i estis	*ou* fuistis,	*vous avez imité.*
	Imitat i sunt	*ou* fuerunt,	*ils ont imité.*

Autrement pour le françois :

J'imitai, tu imitas, il imita; nous imitâmes, vous imitâtes, ils imitèrent.

4. PLUSQUE PARFAIT.

S.	Imitat us eram	*ou* fueram,	*j'avois imité.*
	Imitat us eras	*ou* fueras,	*tu avois imité.*
	Imitat us erat	*ou* fuerat,	*il avoit imité.*
P.	Imitat i eramus	*ou* fueramus,	*nous avions imité.*
	Imitat i eratis	*ou* fueratis,	*vous aviez imité.*
	Imitat i erant	*ou* fuerant,	*ils avoient imité.*

6. FUTUR PASSÉ.

S.	Imitat us ero	*ou* fuero,	*j'aurai imité.*
	Imitat us eris	*ou* fueris,	*tu auras imité.*
	Imitat us erit	*ou* fuerit,	*il aura imité.*
P.	Imitat i erimus	*ou* fuerimus,	*nous aurons imité.*
	Imitat i eritis	*ou* fueritis,	*vous aurez imité.*
	Imitat i erunt	*ou* fuerint,	*ils auront imité.*

REMARQUES SUR LES VERBES DÉPONENTS.

Les Verbes déponents ont les Participes et les Gérondifs des Conjugaisons actives. Ils ont les Supins en *um* et en *u*.

Ce sont les seuls Verbes actifs ou neutres, qui aient un Participe passé.

Suite de IMITOR, Verbe déponent acti[f]

TEMPS PRÉSENS.

SUBJONCTIF.

1. PRÉSENT.

Sing.	Imit er,	*que j'imite.*
	Imit eris, ere,	*que tu imites.*
	Imit etur,	*qu'il imite.*
Plur.	Imit emur,	*que nous imitions.*
	Imit emini,	*que vous imitiez.*
	Imit entur,	*qu'ils imitent.*

3. IMPARFAIT.

Sing.	Imitar er,	*que j'imitasse.*
	Imitar eris, ere,	*que tu imitasses.*
	Imitar etur,	*qu'il imitât.*
Plur.	Imitar emur,	*que nous imitassions.*
	Imitar emini,	*que vous imitassiez.*
	Imitar entur,	*qu'ils imitassent.*

Autrement pour le françois :

J'imiterois, tu imiterois, il imiteroit; nous imiterions, vous imiteriez, ils imiteroient.

INFINITIF.

[.] 3. PRÉSENT. Imit ari, *imiter.*

PARTICIPES.

[.] 3. PRÉSENT. Imit ans, tis, *imitant.*

[.] FUT. ACTIF. Imitat urus, a, um, *devant imiter.*

[.] FUT. PASSIF. Imitan dus, a, um, *devant être imi[té].*

INFINITIF OBLIGATIF.

[.] PRÉS. ACTIF. Imitat urus esse, *devoir imiter.*

[.] PRÉS. PASSIF. Imitan dus esse, *devoir être imité.*

GÉRONDIFS. Imitan dum, i, o, *imiter.*

SUPIN. Imitat um, *imiter.* Imitat u, *à imiter.*

de la première Conjugaison.

TEMPS PASSÉS.

2. PARFAIT.

S.	Imitat us sim	*ou* fuerim,	*que j'aie imité.*
	Imitat us sis	*ou* fueris,	*que tu aies imité.*
	Imitat us sit	*ou* fuerit,	*qu'il ait imité.*
P.	Imitat i simus	*ou* fuerimus,	*que n. ayons imité.*
	Imitat i sitis	*ou* fueritis,	*que v. ayez imité.*
	Imitat i sint	*ou* fuerint,	*qu'ils aient imité.*

4. PLUSQUE-PARFAIT.

S.	Imitat us essem	*ou* fuissem,	*que j'eusse imité.*
	Imitat us esses	*ou* fuisses,	*que tu eusses imité.*
	Imitat us esset	*ou* fuisset,	*qu'il eût imité.*
P.	Imitat i essemus	*ou* fuissemus,	*q. n. eussions imité.*
	Imitat i essetis	*ou* fuissetis,	*q. v. eussiez imité.*
	Imitat i essent	*ou* fuissent,	*qu'ils eussent imité.*

Autrement pour le françois :

J'aurois imité, tu aurois imité, il auroit imité; nous aurions imité, vous auriez imité, ils auroient imité.

[.] 4. PARFAIT. Imitat us esse *ou* fuisse, *avoir imité.*

[.] 4. PASSÉ. Imitat us, a, um, *ayant imité.*

Rem. Beaucoup de Verbes déponents actifs ont un Participe futur passif. Le dérivé en *dus*, *da*, *dum*, des Verbes neutres, doit être considéré comme un véritable Adjectif.

[.] P. ACTIF. Imitat urus fuisse, *avoir dû imiter.*

[.] P. PASSIF. Imitan dus fuisse, *avoir dû être imité.*

Ainsi se conjuguent :

Mirari, admirer; *hortari*, exhorter; *precari*, prier; *venerari*, respecter, etc.

UTOR, *VERBE DÉPONENT NEUTRE* DE LA TROISIÈME CONJUGAISON.

TEMPS PRÉSENS.

INDICATIF.

1. PRÉSENT.

Sing.	Ut or,	*je me sers.*
	Ut eris, ere,	*tu te sers.*
	Ut itur,	*il se sert.*
Plur.	Ut imur,	*nous nous servons.*
	Ut imini,	*vous vous servez.*
	Ut untur,	*ils se servent.*

TEMPS PRIMITIFS.

Utor, usus sum, uti, *se servir.*

3. IMPARFAIT.

Sing.	Uteb ar,	*je me servois.*
	Uteb aris, are,	*tu te servois.*
	Uteb atur,	*il se servoit.*
Plur.	Uteb amur,	*nous nous servions.*
	Uteb amini,	*vous vous serviez.*
	Uteb antur,	*ils se servoient.*

5. FUTUR PRÉSENT.

Sing.	Ut ar,	*je me servirai.*
	Ut eris, ere,	*tu te serviras.*
	Ut etur,	*il se servira.*
Plur.	Ut emur,	*nous nous servirons.*
	Ut emini,	*vous vous servirez.*
	Ut entur,	*ils se serviront.*

IMPÉRATIF.

Point de premières personnes.

Sing.	Ut ere *ou* itor,	*sers toi.*
	Ut itor,	*qu'il se serve.*
Plur.	Ut imini,	*servez vous.*
	Ut untor,	*qu'ils se servent.*

TEMPS PASSÉS.

2. PARFAIT.

S.	Us us sum	*ou* fui,	*je me suis servi.*
	Us us es	*ou* fuisti,	*tu t'es servi.*
	Us us est	*ou* fuit,	*il s'est servi.*
P.	Us i sumus	*ou* fuimus,	*nous nous sommes servis.*
	Us i estis	*ou* fuistis,	*vous vous êtes servis.*
	Us i sunt	*ou* fuerunt.	*ils se sont servis.*

Autrement pour le françois :

Je me servis, tu te servis, il se servit; nous nous servîmes, vous vous servîtes, ils se servirent.

4. PLUSQUE-PARFAIT.

S.	Us us eram	*ou* fueram,	*je m'étois servi.*
	Us us eras	*ou* fueras,	*tu t'étois servi.*
	Us us erat	*ou* fuerat,	*il s'étoit servi.*
P.	Us i eramus	*ou* fueramus,	*n. n. étions servis.*
	Us i eratis	*ou* fueratis,	*v. v. étiez servis.*
	Us i erant	*ou* fuerant,	*ils s'étoient servis.*

6. FUTUR PASSÉ.

S.	Us us ero	*ou* fuero,	*je me serai servi.*
	Us us eris	*ou* fueris,	*tu te seras servi.*
	Us us erit	*ou* fuerit,	*il se sera servi.*
P.	Us i erimus	*ou* fuerimus,	*nous n. serons servis.*
	Us i eritis	*ou* fueritis,	*vous v. serez servis.*
	Us i erunt	*ou* fuerint,	*ils se seront servis.*

REMARQUE SUR LES VERBES NEUTRES.

Beaucoup de Verbes neutres, en latin, deviennent pronominaux en françois; EX. *uti*, se servir; *labi*, s'écouler; *irasci*, se mettre en colère; *fungi*, s'acquitter; *stare*, s'arrêter; *tacere*, se taire; *quiescere*, se reposer; *venire*, se vendre; *exire*, s'en aller, etc.

SUITE DE UTOR, VERBE DÉPONENT NEUTRE DE LA TROISIEME CONJUGAISON.

TEMPS PRÉSENS. TEMPS PASSÉS.

SUBJONCTIF.

1. PRÉSENT.

Sing.	Ut ar,	*que je me serve.*
	Ut aris, are,	*que tu te serves.*
	Ut atur,	*qu'il se serve.*
Plur.	Ut amur,	*que nous nous servions.*
	Ut amini,	*que vous vous serviez.*
	Ut antur,	*qu'ils se servent.*

3. IMPARFAIT.

Sing.	Uter er,	*que je me servisse.*
	Uter eris, ere,	*que tu te servisses.*
	Uter etur,	*qu'il se servît.*
Plur.	Uter emur,	*que nous nous servissions.*
	Uter emini,	*que vous vous servissiez.*
	Uter entur,	*qu'ils se servissent.*

Autrement pour le françois :

Je me servirois, tu te servirois, il se serviroit; nous nous servirions, vous vous serviriez, ils se serviroient.

2. PARFAIT.

S.	Us us sim	*ou* fuerim,	*que je me sois*
	Us us sis	*ou* fueris,	*que tu te sois*
	Us us sit	*ou* fuerit,	*qu'il se soit*
P.	Us i simus	*ou* fuerimus,	*que nous n. soyons*
	Us i sitis	*ou* fueritis,	*que vous v. soyez*
	Us i sint	*ou* fuerint,	*qu'ils se soient*

servi, is.

4. PLUSQUE-PARFAIT.

S.	Us us essem	*ou* fuissem,	*que je me fusse*
	Us us esses	*ou* fuisses,	*que tu te fusses*
	Us us esset	*ou* fuisset,	*qu'il se fût*
P.	Us i essemus	*ou* fuissemus,	*q. nous n. fussions*
	Us i essetis	*ou* fuissetis,	*q. vous v. fussiez*
	Us i essent	*ou* fuissent,	*qu'ils se fussent*

servi, is.

Autrement pour le françois :

Je me serois servi, tu te serois servi, il se seroit servi; nous nous serions servis, vous vous seriez servis, ils se seroient servis.

INFINITIF.

1. PRÉSENT. Ut i, *se servir.*

2. 4. PARFAIT. Us us esse *ou* fuisse, *s'être servi.*

PARTICIPES.

PRÉS. Ut ens, tis, *se servant.*

FUTUR. Us urus, a, um, *devant se servir.*

ADJECT. Uten dus, a, um, *dont on doit se servir.*

2. 4. PASSÉ. Us us, a, um, *s'étant servi.*

REM. Les Participes sont de même nature que leurs Verbes; ainsi *usus, a, um*, est un Participe passé neutre.

INFINITIF OBLIGATIF.

PRÉSENT. Us urus esse, *devoir se servir.*

6. PARFAIT. Us urus esse *ou* fuisse, *avoir dû se servir.*

AINSI SE CONJUGUENT :

Sequi, suivre; *loqui*, parler; *nasci*, naître; *ulcisci*, se venger.

ONDIFS. Uten dum, i, o, *se servir.*

N. Us um, *se servir.* Us u, *à être employé.*

CONJUGAISON DES VERBES OBLIGATIFS.

Le Verbe obligatif se compose, dans chaque Verbe, du Participe futur et des Temps du Verbe *Sum*. Ses Temps les plus usités sont ceux du Subjonctif (le parfait excepté) et ceux de l'Infinitif.

OBLIGATIF DU VERBE *SUM*.

INDICATIF.

TEMPS PRÉSENS.

1. PRÉSENT.

S.	Futur us sum,	*je vais*	ou	*je dois être.*
	Futur us es,	*tu vas*	ou	*tu dois être.*
	Futur us est,	*il va*	ou	*il doit être.*
P.	Futur i sumus,	*nous allons*	ou	*nous devons être.*
	Futur i estis,	*vous allez*	ou	*vous devez être.*
	Futur i sunt,	*ils vont*	ou	*ils doivent être.*

Autrement pour le françois :

Je serai, tu seras, il sera; nous serons, vous serez, ils seront.

3. IMPARFAIT.

S.	Futur us eram,	*je devois être.*
	Futur us eras,	*tu devois être.*
	Futur us erat,	*il devoit être.*
P.	Futur i eramus,	*nous devions être.*
	Futur i eratis,	*vous deviez être.*
	Futur i erant,	*ils devoient être.*

5. FUTUR PRÉSENT. (*Peu usité.*)

S.	Futur us ero,	*je devrai être.*
	Futur us eris,	*tu devras être.*
	Futur us erit,	*il devra être.*
P.	Futur i erimus,	*nous devrons être.*
	Futur i eritis,	*vous devrez être.*
	Futur i erunt,	*ils devront être.*

REM. ON PEUT TRADUIRE :

1. *Je suis devant être* ou *sur le point d'être.*
3. *J'étois devant être* ou *sur le point d'être.*
5. *Je serai devant être* ou *sur le point d'être.*

TEMPS PASSÉS.

2. PARFAIT. (*Peu usité.*)

S.	Futur us fui,	*j'ai dû être.*
	Futur us fuisti,	*tu as dû être.*
	Futur us fuit,	*il a dû être.*
P.	Futur i fuimus,	*nous avons dû être.*
	Futur i fuistis,	*vous avez dû être.*
	Futur i fuerunt,	*ils ont dû être.*

Autrement pour le françois :

Je dus être, tu dus être, il dut être; nous dûmes être, vous dûtes être, ils durent être.

4. PLUSQUE-PARFAIT. (*Peu usité.*)

S.	Futur us fueram,	*j'avois dû être.*
	Futur us fueras,	*tu avois dû être.*
	Futur us fuerat,	*il avoit dû être.*
P.	Futur i fueramus,	*nous avions dû être.*
	Futur i fueratis,	*vous aviez dû être.*
	Futur i fuerant,	*ils avoient dû être.*

6. FUTUR PASSÉ. (*Peu usité.*)

S.	Futur us fuero,	*j'aurai dû être.*
	Futur us fueris,	*tu auras dû être.*
	Futur us fuerit,	*il aura dû être.*
P.	Futur i fuerimus,	*nous aurons dû être.*
	Futur i fueritis,	*vous aurez dû être.*
	Futur i fuerint,	*ils auront dû être.*

REM. ON PEUT TRADUIRE :

2. *J'ai été devant être* ou *sur le point d'être.*
4. *J'avois été devant être* ou *sur le point d'être.*
6. *J'aurai été devant être* ou *sur le point d'être.*

SUITE DE L'OBLIGATIF DU VERBE SUM.

TEMPS PRÉSENS. TEMPS PASSÉS.

SUBJONCTIF.

1. PRÉSENT.

Sing.	Futur us sim,	*que je doive être.*
	Futur us sis,	*que tu doives être.*
	Futur us sit,	*qu'il doit être.*
Plur.	Futur i simus,	*que nous devions être.*
	Futur i sitis,	*que vous deviez être.*
	Futur i sint,	*qu'ils doivent être.*

3. IMPARFAIT.

Sing.	Futur us essem,	*que je dusse être.*
	Futur us esses,	*que tu dusses être.*
	Futur us esset,	*qu'il dût être.*
Plur.	Futur i essemus,	*que n. dussions être.*
	Futur i essetis,	*que v. dussiez être.*
	Futur i essent,	*qu'ils dussent être.*

Autrement pour le françois :

...erois, tu serois, il seroit; nous serions, vous seriez, ils seroient.

2. PARFAIT. (*Peu usité.*)

Sing.	Futur us fuerim,	*que j'aie dû être.*
	Futur us fueris,	*que tu aies dû être.*
	Futur us fuerit,	*qu'il ait dû être.*
Plur.	Futur i fuerimus,	*que nous ayons dû être.*
	Futur i fueritis,	*que vous ayez dû être.*
	Futur i fuerint,	*qu'ils aient dû être.*

4. PLUSQUE-PARFAIT.

Sing.	Futur us fuissem,	*que j'eusse dû être.*
	Futur us fuisses,	*que tu eusses dû être.*
	Futur us fuisset,	*qu'il eût dû être.*
Plur.	Futur i fuissemus,	*que n. eussions dû être.*
	Futur i fuissetis,	*que v. eussiez dû être.*
	Futur i fuissent,	*qu'ils eussent dû être.*

Autrement pour le françois :

J'aurois été, tu aurois été, il auroit été; nous aurions été, vous auriez été, ils auroient été.

INFINITIF.

1. 3. PRÉSENT.

Futur us esse *ou* fore, *devoir être.*

2. 4. PARFAIT.

Futur us fuisse, *avoir dû être.*

AINSI SE CONJUGUENT :

...futurus esse, devoir être présent; *amaturus esse*, devoir ...; *amandus esse*, devoir être aimé; *venturus esse*, devoir ...; *usurus esse*, devoir se servir, etc.

REMARQUES SUR L'OBLIGATIF.

L'Infinitif obligatif sert à exprimer les futurs de l'Infinitif du Verbe d'où il dérive. C'est pour cette raison qu'à la fin de chaque Conjugaison il porte les numéros 5. 6.

Les Verbes déponents qui, comme *imitor*, ont deux Participes du futur, ont deux Obligatifs.

CONJUGAISON DES VERBES IMPERSONNELS.

Les Verbes impersonnels sont formés de troisièmes personnes singulières:

OPORTET, *IMPERSONNEL NEUTRE DE LA DEUXIÈME CONJUGAISON ACTIVE.*

TEMPS PRÉSENS. TEMPS PASSÉS.

INDICATIF.

1. PRÉSENT.
Oportet, *il faut.*
3. IMPARFAIT.
Oportebat, *il falloit.*
5. FUTUR PRÉSENT.
Oportebit, *il faudra.*

2. PARFAIT.
Oportuit, *il a fallu* ou *il eut fallu.*
4. PLUSQUE-PARFAIT.
Oportuerat, *il avoit fallu* ou *il eut fallu.*
6. FUTUR PASSÉ.
Oportuerit, *il aura fallu.*

SUBJONCTIF.

1. PRÉSENT.
Oporteat, *qu'il faille.*
3. IMPARFAIT.
Oporteret, *qu'il fallût* ou *il faudroit.*

2. PARFAIT.
Oportuerit, *qu'il ait fallu.*
4. PLUSQUE-PARFAIT.
Oportuisset, *qu'il eut fallu* ou *il eut fallu.*

INFINITIF.

1. 3. PRÉSENT.
Oportere, *falloir.*

2. 4. PARFAIT.
Oportuisse, *avoir fallu.*

AINSI SE CONJUGUENT:

Decet, il convient; *licet*, il est permis; *libet*, il plaît; *liquet*, il est clair, etc.

REM. Quelques Impersonnels de la deuxième Conjugaison active ont des seconds Temps passés, formés du Supin en *um* et du Verbe *Sum*; EX. *libuit* ou *libitum est*, il a plu; *licuit* ou *licitum est*, il fut permis; *me miseruit* ou *misertum est*, j'ai eu pitié; *me pertæduit* ou *pertæsum est*, j'ai détesté; *me puduit* ou *me puditum est*, j'ai eu honte, etc.

Les Impersonnels *pœnitet*, *tædet*, *pudet*, *piget*, *miseret*, se conjuguent, pour exprimer toutes les personnes, avec les accusatifs *me*, *te*, *illum*, *nos*, *vos*, *illos*, etc. EX.

INDICATIF.

1. PRÉSENT.

Sing.	Me	pœnitet,	*je me repens.*
	Te		*tu te repens.*
	Illum		*il se repent.*
Plur.	Nos		*nous nous repentons.*
	Vos		*vous vous repentez.*
	Illos		*ils se repentent.*

2. PARFAIT.

Sing.	Me	pœnituit,	*je me suis repenti.*
	Te		*tu t'es repenti.*
	Illum		*il s'est repenti.*
Plur.	Nos		*nous nous sommes repentis.*
	Vos		*vous vous êtes repentis.*
	Illos		*ils se sont repentis.*

Suite de l'impersonnel PŒNITET.

TEMPS PRESENS. — TEMPS PASSÉS.

INDICATIF.

3. IMPARFAIT.

Sing.	Me	pœnitebat,	*je me repentois.*
	Te		*tu te repentois.*
	Illum		*il se repentoit*
Plur.	Nos		*nous nous repentions.*
	Vos		*vous vous repentiez.*
	Illos		*ils se repentoient.*

5. FUTUR PRÉSENT.

Sing.	Me	pœnitebit,	*je me repentirai.*
	Te		*tu te repentiras.*
	Illum		*il se repentira.*
Plur.	Nos		*nous nous repentirons.*
	Vos		*vous vous repentirez.*
	Illos		*ils se repentiront.*

4. PLUSQUE-PARFAIT.

Sing.	Me	pœnituerat,	*je m'étois repenti.*
	Te		*tu t'étois repenti.*
	Illum		*il s'étoit repenti.*
Plur.	Nos		*nous nous étions repentis.*
	Vos		*vous vous étiez repentis.*
	Illos		*ils s'étoient repentis.*

6. FUTUR PASSÉ.

Sing.	Me	pœnituerit,	*je me serai repenti.*
	Te		*tu te seras repenti.*
	Illum		*il se sera repenti.*
Plur.	Nos		*nous nous serons repentis.*
	Vos		*vous vous serez repentis.*
	Illos		*ils se seront repentis.*

SUBJONCTIF.

1. PRÉSENT.

Sing.	Me	pœniteat,	*que je me repente.*
	Te		*que tu te repentes.*
	Illum		*qu'il se repente.*
Plur.	Nos		*que nous n. repentions.*
	Vos		*que vous v. repentiez.*
	Illos		*qu'ils se repentent.*

3. IMPARFAIT.

Sing.	Me	pœniteret,	*que je me repentisse.*
	Te		*que tu te repentisses.*
	Illum		*qu'il se repentît.*
Plur.	Nos		*que nous n. repentissions*
	Vos		*que vous v. repentissiez.*
	Illos		*qu'ils se repentissent.*

Autrement pour le françois :

Je me repentirois, tu te repentirois, il se repentiroit; nous n. repentirions, vous v. repentiriez, ils se repentiroient.

2. PARFAIT.

Sing.	Me	pœnituerit,	*que je me sois repenti.*
	Te		*que tu te sois repenti.*
	Illum		*qu'il se soit repenti.*
Plur.	Nos		*que nous n. soyons repentis.*
	Vos		*que vous v. soyez repentis.*
	Illos		*qu'ils se soient repentis.*

4. PLUSQUE-PARFAIT.

Sing.	Me	pœnituisset,	*que je me fusse repenti.*
	Te		*que tu te fusses repenti.*
	Illum		*qu'il se fût repenti.*
Plur.	Nos		*que n. n. fussions repentis.*
	Vos		*que v. v. fussiez repentis.*
	Illos		*qu'ils se fussent repentis.*

Autrement pour le françois :

Je me serois repenti, tu te serois repenti, il se seroit repenti; nous nous serions repentis, vous vous seriez repentis, ils se seroient repentis.

INFINITIF.

1. 3. PRÉSENT. Pœnitere, *se repentir.*

2. 4. PARFAIT. Pœnituisse, *s'être repenti.*

DICITUR, *Verbe impersonnel passif de la troisième Conjugaison.*

TEMPS PRÉSENS. TEMPS PASSÉS.

INDICATIF.

Temps présens		Temps passés	
1. PRÉSENT.		2. PARFAIT.	
Dicitur,	*il est dit* ou *on dit.*	Dictum est *ou* fuit,	*il a été dit* ou *on a dit.*
3. IMPARFAIT.		4. PLUSQUE-PARFAIT.	
Dicebatur,	*il étoit dit* ou *on disoit.*	Dictum erat *ou* fuerat,	*il avoit été dit* ou *on avoit dit.*
5. FUTUR.		6. FUTUR PASSÉ.	
Dicetur,	*il sera dit* ou *on dira.*	Dictum erit *ou* fuerit,	*il aura été dit* ou *on aura dit.*

SUBJONCTIF.

Temps présens		Temps passés	
1. PRÉSENT.		2. PARFAIT.	
Dicatur,	*qu'il soit dit* ou *que l'on dise.*	Dictum sit *ou* fuerit,	*qu'il ait été dit* ou *que l'on ait dit.*
3. IMPARFAIT.		4. PLUSQUE-PARFAIT.	
Diceretur,	*qu'il fût dit* ou *que l'on dit, il seroit dit* ou *l'on diroit.*	Dictum esset *ou* fuisset,	*qu'il eût été dit* ou *que l'on eût dit, qu'il auroit été dit* ou *l'on auroit dit.*

INFINITIF.

1. 3. PRÉSENT. Dici, *être dit.*

2. 4. PARFAIT. Dictum esse *ou* fuisse, *avoir été dit.*

AINSI SE CONJUGUENT :

Legitur, on lit; *creditur*, on croit; *curritur*, on court.

REM. Dans les Verbes impersonnels, l'Adjectif ou le Participe se mettent toujours au neutre. Ex. *pulchrum est*, il est beau; *turpe est*, il est honteux; *dictum est*, il a eté dit.

REM. Quelques Verbes neutres, comme *stare*, *favere*, *currere*, *vivere*, *ire*, ont un impersonnel passif. Ex. *statur*, on s'arrête; *favetur*, on favorise; *curritur*, on court; *vivitur*, on vit; *itur*, on va.

IMPERSONNEL DE L'OBLIGATI FUTURUS SUM.

Nota. Nous n'indiquons que les Temps les plus usités.

INDICATIF.

1. PRÉSENT.
Futurum est, *il doit être, il sera.*

3. IMPARFAIT.
Futurum erat, *il devoit être.*

SUBJONCTIF.

1. PRÉSENT.
Futurum sit, *qu'il doive être, s'il sera.*

3. IMPARFAIT.
Futurum esset, *qu'il dût être, s'il seroit.*

4. PLUSQUE-PARFAIT.
Futurum fuisset, *qu'il eût dû être, s'il auroit été.*

INFINITIF.

3. PRÉSENT. Futurum esse *ou* fore, *devoir êtr*

2. 4. PARFAIT. Futurum fuisse, *avoir dû être.*

IMPERSONNEL DE L'OBLIGAT AMANDUS SUM.

INDICATIF.

TEMPS PRÉSENS.

1. PRÉSENT.
Amandum est, *il faut* ou *on doit aimer.*

3. IMPARFAIT.
Amandum erat, *il falloit* ou *on devoit aimer.*

5. FUTUR PRÉSENT.
Amandum erit, *il faudra* ou *on devra aimer.*

TEMPS PASSÉS.

2. PARFAIT.
Amandum fuit, *il a fallu* ou *on a dû aimer.*

4. PLUSQUE-PARFAIT.
Amandum fuerat, *il avoit fallu* ou *on avoit dû aimer.*

6. FUTUR PASSÉ.
Amandum fuerit, *il aura fallu* ou *on aura dû aimer.*

SUBJONCTIF.

1. PRÉSENT.
Amandum sit, *qu'il faille* ou *qu'on doive aim*

3. IMPARFAIT.
Amandum esset, *qu'il fallût* ou *qu'on dût aim*
qu'il faudroit ou *on devroit aime*

2. PARFAIT.
Amandum fuerit, *qu'il ait fallu* ou *qu'on ait dû aimer.*

4. PLUSQUE-PARFAIT.
Amandum fuisset, *qu'il eût fallu* ou *qu'on eût dû aimer;*
il auroit fallu ou *on auroit dû aimer.*

INFINITIF.

3. PRÉSENT. Amandum esse, *falloir aimer.*

2. 4. PARFAIT. Amandum fuisse, *avoir fallu aimer.*

AINSI SE CONJUGUENT :

Monendum est, il faut avertir; *legendum est*, il faut li *audiendum est*, il faut entendre, etc.

REM. Cet Impersonnel obligatif passif peut s'appeller Impersonnel Gérondif. Il a lieu dans les Verbes neutres, en employant le Gérondif nominatif avec le Verbe *Sum*. Ex. *Eundum est*, il faut aller; *veniendum est*, il faut venir; *standum est*, il faut s'arrêter; *favendum est*, il faut favoriser; *utendum est*, il faut se servir, etc.

CINQUIÈME ESPÈCE DE MOTS.

DU PARTICIPE ET DE SA DÉCLINAISON.

Le Participe est un mot qui tient du Verbe et de l'Adjectif; il tient du Verbe, parce qu'il en a la signification, et qu'il marque le Temps; il tient de l'Adjectif, parce qu'il en a la déclinaison et l'accord.

On a vu dans les Verbes les différentes sortes de Participes.

Le Participe présent se décline sur *Avis*, pour le masculin et le féminin, sur *Cubile*, pour le neutre.

Les Participes en *us*, *a*, *um*, se déclinent comme *Bonus*, *a*, *um*.

SIXIÈME ESPÈCE DE MOTS.

DE L'ADVERBE.

L'Adverbe est un mot invariable qui se joint à un Adjectif, à un Verbe ou à un autre Adverbe, pour en modifier la signification, ou qui sert à marquer quelque circonstance de manière, de temps, de lieu, etc.; de là différentes sortes d'Adverbes.

Pour marquer la manière.

Doctè,	*doctement.*
Pulchrè,	*bien.*
Fortiter,	*avec courage.*
Celebriter,	*avec célérité.*
Prudenter,	*prudemment.*
Feliciter,	*heureusement.*
Velociter,	*promptement.*

Formation de ces Adverbes.

Ces Adverbes se forment du cas en *i* de l'Adjectif en changeant *i* en è, pour la 2.e Déclinaison; en changeant *i* en *iter* ou *ter*, pour la 3.e Déclinaison.

Leurs Comparatifs et leurs Superlatifs sont indiqués page 12.

Pour marquer le temps.

Heri,	*hier.*
Hodiè,	*aujourd'hui.*
Cras,	*demain.*
Nunc,	*maintenant.*
Tunc, tùm,	*alors.*
Olim,	*autrefois, un jour.*
Aliquandò,	*un jour.*
Nuper,	*récemment.*
Nuperrimè,	*très-recemment.*
Proximè,	*dernièrement.*

Pour marquer la quantité.

Multùm, Valdè, Plurimùm, Admodùm, } *beaucoup, très, fort, bien.*
Plus, Magis, Ampliùs, } *plus. davantage.*
Parùm, *peu.*
Minùs, *moins.*
Maximè, *le plus.*
Minimè, *le moins.*

Quantùm, Quam, Ut, } *que* ou *combien.*
Tantùm, Tam, } *si, aussi, tant, autant.*
Adeò, Ita, *tellement.*
Satis, *assez.*
Nimis, *trop.*

Pour affirmer.

Certè, Sanè, Profectò, } *assurément, certes,*
Quidem, (après un mot) *assurément.*
Equidem, (pour Ego quidem) *certes.*

Pour nier.

Non, Haud, } *non, ne, ne pas, ne point.*
Minimè, *point du tout.*
Nequaquàm, Neutiquam, } *nullement.*

Pour marquer le doute.

Forsan, Forsitan, Fortassè, } *peut être.*
Fortè, *par hazard.*

Pour marquer la ressemblance.

Ut, Uti, Quemadmodum, Sicut, Sicuti, Velut, Veluti, Tanquam, } *comme, de meme que.*
Quasi, Ceu, Ceu verò, } *comme si.*
Ità, Sic, } *ou, de même, ainsi,*

Pour marquer l'union.

Simul, Unà, *ensemble.*
Pariter, *pareillement.*
Conjunctìm, *conjointement.*
Universìm, *généralement.*

Pour marquer la division.

Alioqui, (devant une voyelle Alioquin) *autrement, si cela n'est pas.*
Privatìm, Seorsìm, *en particulier, à part.*

Pour montrer.

En, Ecce, *voici, voilà.*

Pour exhorter.

Eia, Euge, *courage.*

SEPTIÈME ESPÈCE DE MOTS.

DE LA PREPOSITION.

La Préposition est un mot invariable qui se place devant les Noms et les Pronoms, pour exprimer une circonstance de position.

Il y a vingt-six Prépositions suivies de l'Accusatif:

Ad, *auprès*, *vers*, *pour*.
Adversùs, Adversùm, } *vis-à-vis*, *contre*.
Antè, *devant*, *avant*.
Apud, *auprès*, *chez*.
Circà, Circùm, *auprès*, *autour*.
Cis, Citra, *deçà*, *en deçà*.
Contrà, *vis-à-vis*, *à l'opposite*.
Ergà, *vis-à-vis*, *à l'égard*.
Extrà, *hors*, *excepté*.
Infrà, *sous*, *au-dessous*.
Inter, *entre*, *parmi*.
Intrà, *dans*, *au-dedans*.
Juxtà, *proche*, *auprès*.
Ob, *devant*, *à cause de*, *pour*.
Penès, *au pouvoir de*.
Per, *par*, *durant*, *pendant*, *au travers de*.
Ponè, *après*, *par derrière*.
Post, *après*, *derrière*, *depuis*.
Præter, *le long*, *excepté*.
Propter, *à cause de*, *pour*.
Secundùm, *le long*, *selon*.
Suprà, *sur*, *au-dessus*.
Trans, Ultra, } *au-delà*, *par-delà*.

REM. On joint aux Prépositions précédentes les cinq Adverbes suivans, avec lesquels on sous entend *ad*.

Circiter, *environ*, *vers*.
Propè, *proche*.
Secùs, *auprès*, *le long*.
Versùs, *vers*, *du côté de*.
Usquè, *jusqu'à*.

Il y a quatre Prépositions suivies de l'Accusatif ou de l'Ablatif:

In, *en*, *dedans*, *sur*.
Super, *sur*, *au-dessus de*.
Sub, Subter, } *sous*, *au-dessous de*.

Il y a douze Prépositions suivies de l'Ablatif:

À, ab, abs, *de*, *du*, *des*, *depuis*, *par*.
Absque, Sine, *sans*.
Clàm, *à l'insçu*.
Coràm, *devant*, *en présence de*.
Cum, *avec*.
De, *de*, *sur*, *touchant*.
È, ex, *de*, *par*.
Palam, *devant*, *en présence de*.
Præ, *devant*, *en comparaison de*, *au-dessus de*.
Pro, *pour*, *au lieu de*, *devant*, *selon*.
Tenùs, *jusqu'à*.

REM. *Clàm*, *Coràm*, *Palàm*, sont quelquefois Adverbes.

HUITIÈME ESPÈCE DE MOTS.

DE LA CONJONCTION.

La Conjonction est un mot invariable qui sert à lier les mots entr'eux et les phrases entr'elles. Il y a différentes sortes de Conjonctions.

Pour joindre.

Et, que, (après un mot) Ac. Atque, Quoque, Etiam,	*et, aussi.*	Imò, Imò verò, Quin, Quin etiam, Quin potiùs,	*même, qui plus est, que ne, mais, que.*
Præterea, *outre cela.*			

Pour séparer.

Aut, Vel, Ve, (après un mot)	*ou, ou bien.*	Sive, Seu, *soit que.* Nec, Neque, *ne, ni, non plus.*	

Pour conclure.

Ergò, Igitur, *donc.* Ideò, Idcircò, *c'est pour cela.*		Itaque, Proindè,	*c'est pourquoi.*

Pour marquer opposition.

Sed, Sedenim, At, Atqui, Porrò, Autem, (après un mot) Verò, (après un mot)	*mais.*	Etsi, Etiamsi, Tametsi, Licet, Quanquàm, Quamvis, Ut,	*quoique, bien que, encore que.*
Tamen, *cependant.*			

Pour rendre raison.

Nam. Namque, Enim, (après un mot) Etenim,	*car, en effet.*	Quandò, Quandoquidem, Quùm ou Cùm,	*puisque, vu que.*
Quòd, Propterea quòd, Quia, Quoniam,	*parce que.*	Ut ou quò, *que, pour, afin que.* Ità ut, *en sorte que.* Ne, *de peur que ne.* Quin, *que ne.*	

Pour marquer une circonstance.

Cùm ou quàm, *lorsque, comme.* Dùm, *pendant que.*		Dùm, Donec,	*jusqu'à ce que.*

Pour marquer le doute ou pour interroger.

An, Nùm, *si, ou.*
Ne, (après un mot) *si.*
Utrum, *si, lequel des deux.*

Quid, Cur, Quare, Quamobrem, } *pourquoi. pour quelle raison.*

Pour marquer une condition.

Si, Si modò, *si.*
Sin, *sinon.*
Sin minùs, Sin aliter, *si cela n'est pas.*

Nisi, *si ce n'est que, à moins que.*
Dùm, Dummodò, *pourvu que.*
Modò ne, *pourvu que ne.*

Pour marquer le souhait.

Utinam, *plaise à Dieu que, Dieu veuille que.*

NEUVIÈME ESPÈCE DE MOTS.

DE L'INTERJECTION.

L'Interjection est un mot invariable, qui sert à exprimer differens mouvemens de l'ame.

Pour exprimer la joie.

O! Evax! *ho! ha!*

Pour exprimer la douleur.

Hei! Heu! *ah! hélas!*

Pour exprimer l'indignation.

Proh! Heu! *ô! oh! ah!*

Pour exprimer l'admiration.

Papæ! Hui! *ô! ah! oh! ho!*

Pour menacer.

Hei! Væ! *malheur à.*

Pour appeler.

Eho! Ehodum! Hus! *holà!*

REM. La même Interjection sert quelquefois à exprimer des sensations différentes.

NOTA. La Lexigraphie des mots irréguliers se trouve à la fin de ce livre.

FIN DE LA PREMIÈRE PARTIE.

SECONDE PARTIE.

SYNTAXE,

OU

DE L'ARRANGEMENT DES MOTS.

Fonctions de la Syntaxe.

La Syntaxe traite de l'accord des mots, de leur régime et de leur emploi.

SYNTAXE DES NOMS.

ACCORD DU NOM AVEC LE NOM.

Règle 1. *Ludovicus* Rex.

Quand deux ou plusieurs Noms désignent une seule et même personne, une seule et même chose, ces Noms se mettent au même cas. Exemples :

Louis Roi,	*Ludovicus Rex*,
de Louis Roi,	*Ludovici Regis*, etc.
La ville (de) Rome,	*Urbs Roma.*

Nota. Les Latins disent *la ville Rome*, *le fleuve Rhin*, etc. comme nous disons *le Mont Cenis*, *le Palais Bourbon.*

RÉGIME DES NOMS.

Règle 2. *Liber* Petri.

Le régime des Noms se met au Génitif. Ex.

Le livre de Pierre,	*Liber Petri.*
La bonté de Dieu,	*Bonitas Dei.*

1.re REM. Il y a des Adjectifs qui ont la valeur d'un Génitif. EXEMPLES :

La bonte de Dieu, *c'est-à-dire*, la bonté divine,	*Bonitas divina.*
Le Senat de Rome, *c'est-à-dire*, le Sénat Romain,	*Senatus Romanus.*

2.e REM. Quand le régime exprime une qualité bonne ou mauvaise, il se met à l'Ablatif ou au Génitif. Ex.

Enfant d'un bon naturel,	*Puer egregiâ indole*, ou *egregiæ indolis.*
— d'un mauvais naturel,	— *pravâ indole*, ou *pravæ indolis.*

3.e REM. Quand le régime est un Infinitif, il se met au Gérondif en *di*. Ex.

Le temps de lire,	*Tempus legendi.*

NOTA. C'est un péché de mentir, *tournez :* mentir est un péché, *culpa est mentiri.*

SYNTAXE DES ADJECTIFS.

ACCORD DE L'ADJECTIF AVEC LE NOM.

RÈGLE 3. *Pater* bonus.

L'Adjectif s'accorde en genre, en nombre et en cas, avec le Nom auquel il se rapporte. EXEMPLES :

Le bon père,	*Pater bonus*,
du bon père,	*Patris boni*, etc.
La bonne mère,	*Mater bona*,
de la bonne mère,	*Matris bonæ*, etc.
Le bon exemple,	*Exemplum bonum*,
du bon exemple,	*Exempli boni*, etc.

1.re REM. Quand un Adjectif se rapporte à deux Noms singuliers, il se met au pluriel. EXEMPLES :

Le père et le fils bons,	*Pater et filius boni.*
La mère et la fille bonnes,	*Mater et filia bonæ.*

2.ᵉ REM. Quand un Adjectif se rapporte à deux Noms de différens genres, l'Adjectif prend le plus noble des deux genres. (Le masculin est plus noble que le féminin, le féminin est plus noble que le neutre.) Ex.

Le père et la mere bons. *Pater et mater boni.*

3.ᵉ REM. Quand un Adjectif se rapporte à des Noms de choses inanimées, il se met au pluriel neutre. (Il n'y a d'animé que les hommes et les bêtes.) Ex.

La vertu et le vice contraires, (choses contraires),	*Virtus et vitium contraria*, (on sous-entend *negotia.*)

4.ᵉ REM. L'Adjectif qui ne se rapporte à aucun Nom précédent, se met au neutre. Ex.

Il est honteux de mentir, *Turpe est mentiri.*

NOTA. L'Adjectif *turpe* s'accorde ici avec *quid* ou *negotium* sous-entendu. Lisez : mentir est une chose honteuse, *mentiri est negotium turpe.*

RÈGLE 4. *Pater est* bonus.

L'Adjectif qui suit immédiatement le Verbe *Sum*, s'accorde, comme ci-dessus, avec le Nom ou Pronom qui précède le Verbe. EXEMPLES :

Le père est bon,	*Pater est bonus.*
Je crois qu'il est bon, *c'est-à-dire*, je crois lui être bon,	*Credo illum esse bonum.*

1.ʳᵉ REM. Si le Nom qui précède étoit au Génitif, il faudroit mettre l'Adjectif à l'Accusatif. Ex.

Il importe à un jeune homme d'être laborieux,	*Refert adolescentis esse impigrum*, (c'est-à-dire, *eum esse impigrum.*)

2.ᵉ REM. On observe les règles de l'accord après tout Verbe suivi d'un mot qui se rapporte à son sujet. Ex.

Le geai revint tout chagrin,	*Graculus rediit mœrens* (3).

Aristide mourut pauvre,	*Aristides mortuus est pauper* (3).
Je suis appelé lion,	*Ego nominor leo.* (1)

RÉGIME DES ADJECTIFS.

RÈGLE 5. *Avidus* laudum.

Le régime des Adjectifs *avidus*, avide; *cupidus*, qui desire; *studiosus*, qui a du goût pour; *peritus*, habile dans; *expers*, qui manque; *patiens*, qui souffre; *rudis*, qui ne sait pas; *memor*, qui se souvient; *immemor*, qui ne se souvient pas; *plenus*, plein de, etc., se met au Génitif. EXEMPLES :

Avide de louanges,	*Avidus laudum.*
Habile dans la musique,	*Peritus musicæ.*
Plein de vin,	*Plenus vini*, (ou *vino.*)

REM. Si le régime est un Infinitif, il se met au Gérondif en *di.* Ex.

Curieux de voir,	*Cupidus videndi.*

RÈGLE 6. *Similis* patri OU patris.

Le régime des Adjectifs *similis*, semblable; *par*, *æqualis*, égal; *affinis*, allié, etc., se met au Datif ou au Génitif. EXEMPLES :

Semblable à son père,	*Similis patri* ou *patris.*
Allié au Roi,	*Affinis Regi* ou *Regis.*

RÈGLE 7. *Id* mihi *utile est.*

Le régime des Adjectifs *utilis*, utile; *commodus*, avantageux; *infensus*, *iratus*, irrité contre; *assuetus*, accoutumé à; *aptus*, *idoneus*, propre à, etc., se met au Datif. EXEMPLES :

Cela m'est utile,	*Id mihi utile est.*
Corps accoutumé au travail,	*Corpus assuetum labori.*

1.re REM. Si ce régime est un Infinitif, il se met au Gérondif en *do*. Ex.

Accoutumé à travailler, *Assuetus laborando.*

2.e REM. Après *aptus*, *idoneus* et *natus*, on peut mettre l'Accusatif avec *ad*. EXEMPLES :

Propre à la guerre, *Aptus ad militiam.*
Né pour les armes, *Natus ad arma.*

RÈGLE 8. *Propensus* ad lenitatem.

Le régime des Adjectifs qui marquent un penchant ou une inclination à quelque chose, comme *propensus*, *pronus*, *proclivis*, porté à, se met à l'Accusatif avec *ad*. EX.

Porté à la douceur, *Propensus ad lenitatem.*

REM. Si ce régime est un Infinitif, il se met au Gérondif en *dum* avec *ad*. Ex.

Prompt à se fâcher, *Pronus ad irascendum.*

RÈGLE 9. *Populabundus* agros.

Le régime des Adjectifs en *bundus*, dérivés des Verbes actifs, se met à l'Accusatif. EX.

Ravageant les campagnes, *Populabundus agros.*

RÈGLE 10. Virtute *præditus*.

Le régime des Adjectifs *præditus*, doué; *dignus*, digne; *indignus*, indigne; *contentus*, content, etc., se met à l'Ablatif. EXEMPLES :

Doué de vertu, *Virtute præditus.*
Digne de louange, *Dignus laude*, (ou *laudis.*)
Content de son sort, *Contentus suâ sorte.*

RÈGLE 11. *Mirabile* visu.

L'Infinitif, régime des Adjectifs *mirabilis*, admirable; *facilis*, facile; *difficilis*, difficile, etc., se met au Supin en *u*. EXEMPLES :

Chose admirable à voir, *c'est-à-dire*, à être vue,	*Res mirabilis visu*, (ou *mirabile visu*.)
Chose facile à dire,	*Res dictu facilis*.

NOTA. On peut en latin supprimer le mot *res*, en faisant accorder l'Adjectif avec *negotium* sous-entendu.

REM. Si le Verbe latin n'a point de Supin, il faut tourner la phrase ainsi :

Ma leçon est difficile à étudier, *tournez* : il est difficile d'étudier ma leçon.	*Difficile est studere lectioni meæ*.

SYNTAXE DES COMPARATIFS.

RÈGLE 12. *Doctior* quàm Petrus, OU *doctior* Petro.

Après un Comparatif, on met *quàm* avec même cas que devant; ou l'on met seulement l'Ablatif. EX.

Il est plus savant que Pierre,	*Est doctior quàm Petrus*, ou *est doctior Petro*.

NOTA. L'Ablatif ne s'emploie qu'après les Comparatifs en *or*, *us*; on sous-entend *præ*. Lisez : *doctior præ Petro*.

1.re REM. Après un Comparatif en *or*, *us*, l'Adjectif ou l'Adverbe qui suit *quàm* se met aussi au Comparatif. EXEMPLES :

Plus brave que prudent,	*Fortior quàm prudentior*.
Avec plus de bravoure que de prudence,	*Fortiùs quàm prudentiùs*.

2.e REM. Le Verbe qui suit *quàm* se met en latin au même temps qu'en françois. EXEMPLES :

Il est plus savant que vous ne le pensez,	*Doctior est quàm putas*.
Rien n'est plus honteux que de mentir.	*Nihil turpius est quàm mentiri*.

SYNTAXE DES PARTITIFS.

ACCORD ET RÉGIME DES PARTITIFS.

Les Adjectifs *partitifs* sont ceux qui marquent la partie d'un plus grand nombre; tels sont *unus*, *quis*, *aliquis*, *nullus*, *nemo*, *primus*, les Comparatifs et les Superlatifs, quand ces mots ont un régime.

RÈGLE 13. *Unus* militum, etc.

Le régime des *partitifs* se met au Génitif ou à l'Ablatif avec *è* ou *ex*, ou à l'Accusatif avec *inter*, quand c'est un Nom pluriel. EXEMPLES :

Un des soldats,	*Unus militum*, OU *ex militibus*, OU *inter milites.*
Qui de nous?	*Quis nostrûm? etc.*
Qui de vous?	*Quis vestrûm? etc.*
La plus forte des mains,	*Validior manuum*, *etc.*
Le plus haut des arbres,	*Altissima arborum*, *etc.*

NOTA. On ne peut pas dire : *quis nostri*, *quis vestri*, parce que *nostri* et *vestri* s'emploient sans partition.

1.er REM. Le *partitif* prend le genre de son régime quand c'est un Nom pluriel : *unus* est du masculin parce que son régime *militum* est du masculin; *altissima* est du féminin parce que son régime *arborum* est du féminin.

2.e REM. Quand on ne parle que de deux choses, le Superlatif françois se met en latin au Comparatif. Ainsi au lieu de dire : *validissima manuum*, l'on dit : *validior manuum*, la plus forte des deux mains.

RÈGLE 13 *bis.* *Primus* turbæ.

Le régime des *partitifs* ne se met qu'au Génitif, quand c'est un Nom collectif. EXEMPLES :

Le premier de la troupe,	*Primus turbæ.*
Le plus riche de la ville,	*Ditissimus urbis.*

NOTA. Le Nom *collectif* est celui qui, quoiqu'au singulier, exprime plusieurs personnes ou plusieurs choses, comme *turba*, la troupe, la foule.

REM. Quand le *partitif* a pour régime un Nom collectif, il s'accorde avec quelque Nom sous-entendu. *Primus* et *ditissimus* s'accordent avec *homo* sous-entendu.

SYNTAXE DES VERBES.

ACCORD DU VERBE AVEC LE SUJET.

RÈGLE 14. *Ego* audio.

Tout Verbe, quand il n'est pas à l'Infinitif, s'accorde avec son sujet en nombre et en personne. EXEMPLES :

J'écoute,	*Ego audio.*
Tu enseignes,	*Tu doces.*
Il lit,	*Ille legit.*

NOTA. On sous-entend ordinairement le Pronom sujet, ainsi l'on dit simplement *audio*, *doces*, *legit*; il faut cependant l'exprimer quand il y a deux Verbes dont le sens est opposé, ou quand la phrase contient quelque chose de vif Ex. Vous riez et je pleure, *Tu rides*, *ego fleo*. Vous osez parler ainsi? *Tu loqui sic audes?*

1.re REM. Quand le Verbe n'est pas à l'Infinitif, son sujet se met au Nominatif. Ex. *Ego audio*. Mais si le Verbe est à l'Infinitif, son sujet se met à l'Accusatif. Ex.

Je crois qu'il est bon, *Credo illum esse bonum* (4).

NOTA. On sous-entend quelquefois le sujet du Verbe à l'Infinitif. Ex. Ce n'est pas une petite chose d'être content. *esse contentum non parva res est* (on sous-entend *aliquem*). *Refert adolescentis esse impigrum* (4).

2.e REM. Quand un Verbe a deux sujets singuliers, on met ce Verbe au pluriel. Ex.

Pierre et Paul jouent, *Petrus et Paulus ludunt.*

3.e REM. Si les sujets d'un même Verbe sont de différentes personnes, le Verbe prend la plus noble des personnes. (La 1.re est plus noble que les deux autres, la 2.e est plus noble que la 3.e). Ex.

Vous et moi nous lisons,	*Ego et tu legimus.*
Vous et Paul vous causez,	*Tu Paulusque garritis.*

NOTA. En françois, la première personne se nomme après les autres, c'est le contraire en latin.

4.e REM. Quand le sujet est un Nom collectif, le Verbe se met quelquefois au pluriel. Ex.

La foule se précipite,	*Turba ruit* OU *ruunt.*

RÉGIME DIRECT DES VERBES ACTIFS.

RÈGLE 15. *Amo* patrem.

Le régime des Verbes actifs se met à l'Accusatif. Ex.

J'aime mon père,	*Amo patrem.*
Nous imitons nos parens,	*Imitamur parentes.*

1.re REM. Les Verbes *juvat, delectat*, il fait plaisir; *manet*, il est réservé; *decet*, il convient, sont actifs. Ex.

La musique me fait plaisir,	*Musica me juvat.*
Un prix vous est réservé,	*Præmium te manet.*
Cela vous convient,	*Hoc te decet.*

2.e REM. Il y a des Verbes neutres qui s'emploient activement. Ex.

J'ai peur des ténèbres,	*Horreo tenebras.*
Aller trouver quelqu'un,	*Adire aliquem.*

3.e REM. Le régime des Gérondifs est le même que celui du Verbe d'où ils viennent. Ex.

Le temps de lire l'histoire,	*Tempus legendi historiam.*

ACCORD DES GÉRONDIFS.

Souvent les Gérondifs des Verbes actifs se changent en Participes en *dus*, *da*, *dum*, et s'accordent en genre, en nombre et en cas avec le Nom qui devoit être leur régime. EXEMPLES :

Le temps de lire l'histoire, *t.*, de l'histoire devant être lue,	*Tempus legendæ historiæ*, pour *legendi historiam.*
Curieux de voir des villes, *t.*, des villes devant être vues,	*Cupidus urbium videndarum*, pour *videndi urbes.*
Accoutumé à écrire des fables, *t.*, aux fables devant être écrites,	*Assuetus fabulis scribendis*, pour *scribendo fabulas.*
Prompt à venger des injures, *t.*, aux injures devant être vengées,	*Pronus ad injurias ulciscendas*, pour *ad ulciscendum injurias.*

RÉGIME DES VERBES NEUTRES.

RÈGLE 16. *Studeo* grammaticæ.

Le régime de la plupart des Verbes neutres se met au Datif. EXEMPLES :

J'étudie la grammaire,	*Studeo grammaticæ.*
Nous favorisons la noblesse,	*Favemus nobilitati.*
Il a contenté le maître,	*Satisfecit præceptori.*

1.re REM. Cette règle comprend,

1.° Les composés du Verbe *Sum*, excepté *absum* dont le régime se met à l'Ablatif avec *à* ou *ab*. Ex.

Il a manqué à son devoir,	*Defuit officio.*
Il étoit présent à ce spectacle,	*Aderat huic spectaculo.*
Il est absent de la ville,	*Abest ab urbe.*

2.° Les Verbes *imminere*, *impendere*, *instare*.

Un grand malheur vous menace,	*Magna calamitas tibi imminet, impendet, instat.*

3.° Les Verbes *accidit*, *evenit*, *contingit*, il arrive; *conducit*, *expedit*, il est avantageux; *placet*, il plaît. Ex.

Cela m'est arrivé,	*Id mihi accidit.*
Cela vous est avantageux,	*Hoc tibi expedit.*

4.° Les Verbes *irasci*, se mettre en colère; *blandiri*, flatter; *opitulari*, secourir; *minari*, menacer, etc. Ex.

Cet homme se fâche contre moi,	*Hic homo irascitur mihi.*
Il me menace,	*Mihi minatur.*

2.e REM. Quand on se sert du Verbe *Sum* pour signifier *avoir*, son régime se met au Datif. Ex.

J'ai un livre, *tournez*, un livre est à moi,	*Est mihi liber.*

NOTA. Quand il s'agit de distinguer la personne qui possède, on emploie un Pronom possessif au lieu du Pronom personnel au Datif. EX. Ce livre est à moi, *tournez*, ce livre est le mien, *Hic liber est meus* (et non pas *mihi*).

3.e REM. Quand on se sert du Verbe *Sum*, pour signifier *causer, apporter, procurer,* il prend deux régimes au Datif. Ex.

Cela vous causera, vous procurera de la douleur, *t.*, cela sera à douleur à vous,	*Hoc erit tibi dolori.*

RÈGLE 17. *Abundat* divitiis.

Le régime des Verbes neutres qui marquent *abondance* ou *disette*, *privation*, se met à l'Ablatif. EX.

Il regorge de biens,	*Abundat divitiis.*
Il ne manque de rien,	*Nullâ re caret.*

RÈGLE 18. *Fruor* otio.

Le régime des Verbes *fruor*, *fungor*, *potior*, *vescor*, *utor*, *glorior*, *lætor* et *gaudeo*, se met à l'Ablatif. EX.

Je jouis du repos,	*Fruor otio.*
Je m'acquitte du devoir,	*Fungor officio.*
Je suis maître de la ville,	*Potior urbe.*
Je me nourris de pain,	*Vescor pane.*
Je me sers de livres,	*Utor libris.*
Se glorifier des avantages d'autrui,	*Gloriari alienis bonis.*
Je me réjouis de cela,	*Lætor (gaudeo) hâc re.*

RÈGLE 19. *Miserere* pauperum.

Le régime du Verbe *misereri*, avoir pitié, se met au Génitif. EXEMPLE :

Ayez pitié des pauvres,	*Miserere pauperum.*

RÈGLE 20. Vivorum *memini*, etc.

Le régime des Verbes qui marquent le *souvenir* ou l'*oubli*, se met au Génitif ou à l'Accusatif. EXEMPLES :

Je me souviens des vivans, et je ne puis pas oublier les morts,	*Vivorum memini, nec possum oblivisci mortuorum.*
N'oubliant pas les bienfaits,	*Beneficia non oblitus.*

RÉGIME INDIRECT DES VERBES ACTIFS.

Il y a des Verbes actifs qui, outre l'Accusatif que l'on appelle *régime direct*, ont un second régime que l'on appelle *régime indirect*.

RÈGLE 21. *Do panem* pauperi.

Le régime indirect des Verbes qui signifient *donner*, *dire*, *promettre*, etc., se met au Datif. EXEMPLES :

Je donne du pain aux pauvres,	*Do panem pauperi.*
Dieu promet une vie éternelle au juste,	*Deus vitam æternam justo promittit.*

1.re REM. Les Verbes *minari*, menacer ; *gratulari*, féliciter, ont le nom de la chose pour régime direct, et le nom de la personne pour régime indirect. Ex.

Menacer quelqu'un de la mort, *tournez*, menacer la mort à quelqu'un,	*Minari mortem alicui.*
Féliciter quelqu'un d'une victoire, *tournez*, feliciter la victoire à quelqu'un,	*Gratulari victoriam alicui.*

2.e REM. Les Verbes *do*, *verto*, *tribuo*, ont quelquefois deux régimes indirects au Datif. Ex.

Il m'a fait un crime de ma bonne foi, *t.*, il m'a donné ma bonne foi à crime,	*Crimini dedit mihi meam fidem.*
Blâmer quelqu'un de quelque chose, *en latin*, tourner quelque chose à défaut à quelqu'un,	*Vitio vertere aliquid alicui.*

RÈGLE 22. *Hæc via ducit* ad virtutem.

Le régime indirect des Verbes qui signifient *conduire à*, *exhorter a*, *exciter à*, etc., se met à l'Accusatif avec *ad*. EXEMPLES :

Ce chemin conduit à la vertu,	*Hæc via ducit ad virtutem.*
Je vous exhorte au travail,	*Te hortor ad laborem.*

REM. Si ce régime est un Infinitif, il se met au Gérondif en *dum* avec *ad*. Ex.

Je vous exhorte à lire,	*Te hortor ad legendum,*
— à lire l'histoire,	*— ad legendum historiam,*
	OU *ad legendam historiam.*

RÈGLE 23. *Doceo pueros* grammaticam.

Le régime indirect des Verbes *docere*, instruire; *rogare*, prier; *celare*, cacher, se met à l'Accusatif. Ex.

J'enseigne la grammaire aux enfans, *tournez*, j'enseigne les enfans sur la grammaire,	*Doceo pueros grammaticam*, (on sous-entend *ad* ou *secundùm* devant ce regime.)

Rem. Le régime indirect de ces Verbes est toujours le nom de la chose.

RÈGLE 24. *Scribo* ad te ou tibi *epistolam.*

Le régime indirect des Verbes *scribo*, j'écris; *mitto*, j'envoie; *fero*, je porte, se met à l'Accusatif avec *ad*, ou au Datif. Exemple :

Je vous écris une lettre,	*Scribo ad te*, ou *tibi epistolam.*

RÈGLE 25. *Accepi litteras* à patre meo.

Le régime indirect des Verbes qui signifient *demander*, *recevoir*, *emprunter*, *acheter*, *espérer*, *attendre*, *obtenir*, etc., se met à l'Ablatif avec *à* ou *ab*. Ex.

J'ai reçu une lettre de mon père,	*Accepi litteras à patre meo.*
Il a demandé une grace au Roi,	*Petivit beneficium à Rege.*

Rem. Si le régime indirect des Verbes qui signifient *recevoir*, est un nom de chose inanimée, on le met à l'Ablatif avec *è* ou *ex*. Ex.

J'ai reçu une grande joie de votre lettre,	*Cepi magnam voluptatem ex tuis litteris.*

RÈGLE 26. *Christus redemit hominem* à morte.

Le régime indirect des Verbes qui signifient *délivrer*, *racheter*, *éloigner*, *arracher*, *ôter*, *séparer*, *détour-*

ner, etc., se met à l'Ablatif avec *à* ou *ab*, *è* ou *ex*, et quelquefois sans Préposition. EXEMPLES :

Jésus-Christ a racheté l'homme de la mort,	*Christus redemit hominem à morte.*
Delivrer quelqu'un de la servitude,	*Eximere aliquem à* OU *ex servitute,* OU *servitute.*

RÈGLE 27. *Id audivi* ex OU ab amico meo.

Le régime indirect des Verbes *audire*, apprendre, *quærere*, s'informer, se met à l'Ablatif avec *à* ou *ab*, *è* ou *ex*. EXEMPLES :

J'ai appris cela de mon ami,	*Id audivi ab* OU *ex amico meo.*
Je me suis informé auprès de lui si vous arriviez,	*Quæsivi ab illo an advenires.*

RÈGLE 28. *Haurire aquam* ex fonte.

Le régime indirect des Verbes qui signifient *tirer*, *extraire*, *allumer*, *pendre*, *juger*, *connoître*, etc., se met à l'Ablatif avec *è* ou *ex*. EXEMPLES :

Puiser de l'eau à une fontaine,	*Haurire aquam ex fonte.*
J'ai connu par votre lettre,	*Ex litteris tuis cognovi.*

RÈGLE 29. *Implere dolium* vino.

Le régime indirect des Verbes qui marquent *abondance* ou *disette*, *privation*, se met à l'Ablatif sans Préposition. EXEMPLES :

Emplir de vin un tonneau,	*Implere dolium vino.*
Combler quelqu'un de bienfaits,	*Cumulare aliquem beneficiis.*
Priver quelqu'un de secours,	*Nudare aliquem præsidio.*

RÈGLE 30. *Admonui eum* periculi OU de periculo.

Le régime indirect des Verbes qui signifient *avertir*, *informer*, se met au Génitif ou à l'Ablatif avec *de*. EX.

Je l'ai averti du danger, *Admonui eum periculi, etc.*
Informé de votre dessein, *Tui consilii factus certior.*

REM. Avec *moneo*, l'on met bien les Accusatifs neutres *hoc, id, illud, unum.* Ex.

Je les avertis de cela, *Hoc eos moneo.*
— d'une chose, — *unum.*

RÈGLE 31. *Insimulare aliquem* furti OU furto.

Le régime indirect des Verbes qui signifient *accuser*, *condamner*, *absoudre*, *convaincre*, se met au Génitif ou à l'Ablatif, mais mieux au Génitif. EXEMPLES :

Accuser quelqu'un de larcin, *Insimulare aliquem furti* OU *furto.*
Absoudre d'un crime, *Absolvere criminis* OU *crimine.*

REM. Avec *damnare*, le nom de la peine particulière se met à l'Accusatif avec *ad.* Ex.

Condamner aux galères, *Damnare ad triremes.*
— à tourner la meule, — *ad molam.*

RÉGIME DES VERBES PASSIFS.

RÈGLE 32. *Amor* à patre.

Le régime des Verbes passifs se met à l'Ablatif avec *à* ou *ab*, quand c'est un nom de chose animée. Ex.

Je suis aimé de mon père, *Amor à patre.*
Je suis enseigné par le maître, *Doceor a magistro.*

REM. Le régime des Verbes *probor*, *improbor*, *videor*, et des Participes en *dus*, *da*, *dum*, se met mieux au Datif qu'à l'Ablatif. Ex.

Ce sentiment n'est approuvé ni de lui, ni de nous, *Hæc sententia neque nobis, neque illi probatur.*
La vertu que je dois pratiquer, *tournez*, devant être pratiquée par moi, *Virtus mihi colenda.*

NOTA. Les Verbes obligatifs formés du Participe en *dus*, *da*, *dum*, ou du Gérondif en *dum*, ont aussi leur régime au Datif. Ex. Les parens doivent être honorés par leurs enfans. *Parentes filiis colendi sunt.* Il me faut lire, *Mihi legendum est.* Nous devons tous mourir, *Nobis omnibus moriendum est.*

RÈGLE 33. *Mœrore* conficior.

Le régime des Verbes passifs se met à l'Ablatif sans Préposition, quand c'est un nom de chose inanimée. EX.

Je suis accablé de chagrin,	*Mœrore conficior,*
Ils furent amenés par la crainte,	*Metu adducti sunt.*

RÉGIME DE QUELQUES VERBES.

RÈGLE 34. *Hoc* ad me *pertinet.*

Le régime des Verbes *pertinere*, appartenir: *attinere*, *spectare*, regarder, se met à l'Accusatif avec *ad*. EXEMPLES :

Cela m'appartient,	*Hoc ad me pertinet.*
Pour ce qui me regarde,	*Quod ad me attinet.*

RÈGLE 35. Me *pœnitet* culpæ meæ.

Les cinq Verbes *pœnitet*, *pudet*, *piget*, *tædet*, *miseret*, veulent leur sujet à l'Accusatif, et leur régime au Génitif. EXEMPLES :

Je me repens de ma faute,	*Me pœnitet culpæ meæ.*
Le Roi a pitié de cet homme,	*Regem miseret hominis.*

REM. Tout Verbe, excepté *volo*, *nolo*, *malo*, *audeo*, *cupio*, se met à la troisième personne du singulier devant les Infinitifs *pœnitere*, *pudere*, etc.

Je commence à me repentir de ma faute, *l.*, il commence à me repentir,	*Incipit me pœnitere culpæ meæ.*
Vous devez avoir honte de votre paresse, *l.*, il doit vous avoir honte...,	*Debet te pudere tuæ negligentiæ.*

RÈGLE 36. *Refert* OU *interest* Regis.

Le régime des Verbes *refert*, *interest*, se met au Génitif. EXEMPLES :

Il importe au Roi,	*Refert* OU *interest Regis.*
— à nous deux,	— *utriusque nostrûm.*

NOTA. On sous-entend *causâ* devant ce Génitif. Lisez : *Refert causâ Regis*, il importe à la cause du Roi.

1.re REM. Avec *refert*, *interest*, les Pronoms personnels régimes se changent en Pronoms possessifs, qui s'accordent avec *causâ*, sous-entendu. Ex.

Il m'importe, *tournez*, il importe à ma cause,	*Refert meâ*, (et non pas *mei*).
Il nous importe, *tourn.*, il importe à notre cause,	*Refert nostrâ*, (et non pas *nostrî*).
Il croit qu'il lui importe,	*Credit suâ referre.*

Si cependant il suit un Nom, ou un Adjectif, ou *qui*, *quæ*, *quod*, on le fait accorder, comme si les Pronoms possessifs étoient des Génitifs personnels. Ex.

Il importe à moi César,	*Refert meâ Cæsaris.*
Il importe à vous seul,	*Interest tuâ unius.*
Il importe à nous qui...,	*Refert nostrâ qui...*

2.e REM. Le régime des Verbes *refert*, *interest*, se met à l'Accusatif avec *ad*, quand c'est un nom de chose inanimée. Ex.

Il importe à notre honneur,	*Ad honorem nostrum interest.*

RÈGLE 37. *Est* Regis *tueri subditos.*

Lorsque le Verbe *sum* est employé impersonnellement, son régime se met au Génitif. EXEMPLE :

Il est d'un Roi, il appartient à un Roi de défendre ses sujets,	*Est Regis tueri subditos.*

NOTA. On sous-entend *negotium* devant ce Génitif. Lisez : *Est negotium Regis*, c'est l'affaire d'un Roi.

REM. Avec l'impersonnel *est*, les Pronoms personnels régimés se changent en Pronoms possessifs qui s'accordent avec *negotium*, sous-entendu. Ex.

C'est à moi de parler, *t.*, c'est mon affaire de parler, *Meum est loqui*, (et non pas *est meî*).

Je crois que c'est à lui de parler, *t.*, il croit son affaire être de parler, *Credit suum esse loqui*, (et non pas *esse suî*).

Si cependant il suit un Nom, ou un Adjectif, ou *qui, quæ, quod*, on le fait accorder, comme si les Pronoms possessifs étoient des Génitifs personnels. Ex.

C'est à moi César de parler, *Meum est Cæsaris loqui.*

C'est à vous seul, *Tuum est unius.*

C'est à nous qui, *Nostrum est qui.*

NOTA. On dit de même : *Tuum hominis prudentissimi judicium expecto*, j'attends votre jugement, qui est celui d'un homme très-prudent.

RÈGLE 38. Mihi *opus est* libro.

Avec *opus est*, le nom de la personne se met au Datif, et le nom de la chose se met à l'Ablatif. Ex.

J'ai besoin d'un livre, *t.*, besoin-est à moi d'un..., *Mihi opus est libro* (17).

NOTA. On peut aussi mettre en sujet le nom de la chose et dire : *Liber mihi opus est*, un livre est besoin à moi.

RÈGLE 39. *Interdico* tibi domo meâ.

Le Verbe *interdico* veut le nom de la personne au Datif, et le nom de la chose à l'Ablatif. EXEMPLE :

Je vous interdis ma maison, *Interdico tibi domo meâ.*

NOTA. Lisez : *Interdico tibi* (21) *uti domo meâ* (18).

INFINITIF RÉGIME D'UN VERBE.

RÈGLE 40. *Amat* ludere.

L'Infinitif, régime d'un Verbe qui ne marque point

de mouvement, s'exprime par le présent de l'Infinitif.

EXEMPLES :

Il aime à jouer,	*Amat ludere.*
Il cessa de parler,	*Desiit loqui.*

REM. L'Infinitif, régime indirect d'un Verbe qui ne marque point de mouvement, se met au Gérondif en *do*. Ex.

Il passe son temps à lire, *tournez*, en lisant,	*Consumit tempus legendo.*
— à lire l'histoire,	— *legendo historiam*, OU *in legendâ historiâ* (15).

RÈGLE 41. *Eo* lusum OU ad ludendum OU ut ludam.

L'Infinitif, régime d'un Verbe qui marque mouvement pour aller en quelque lieu, s'exprime par le Supin en *um* ou par le Gérondif en *dum* avec *ad*, ou par *ut* avec le Subjonctif. EXEMPLES :

Je vais jouer,	*Eo lusum*,
OU pour jouer,	OU *ad ludendum*,
OU afin que je joue,	OU *ut ludam*.

REM. Le régime du Supin en *um* est le même que celui du Verbe d'où il vient. Ex.

J'irai voir ma mère,	*Ibo visum matrem* (15).

RÈGLE 42. *Redeo* ab ambulando.

L'Infinitif, régime d'un Verbe qui marque mouvement pour venir de quelque lieu, se met au Gérondif en *do* avec *à* ou *ab*. EXEMPLES :

Je viens de me promener,	*Redeo ab ambulando.*
— de visiter mes terres,	— *ab invisendo agros*, OU *ab agris invisendis* (15).

Régime à répéter par un Pronom.

Quand un Nom est le régime de deux Verbes qui demandent des cas différens, ce Nom doit se répéter par un Pronom devant le second Verbe. Ex. Dieu aime et favorise l'homme de bien, *t.*, Dieu aime l'homme de bien et *le* favorise, *Deus amat virum bonum illique favet.*

SYNTAXE DES PRONOMS RELATIFS.

Accord du Pronom relatif avec l'antécédent.

RÈGLE. 43. *Pater* qui *est bonus.*

Tout Pronom relatif s'accorde en genre et en nombre avec le Nom ou Pronom qui précède et que l'on appelle antécédent. EXEMPLES :

Le père qui est bon,	*Pater qui est bonus.*
il est bon,	*ille est bonus.*
La mère qui est bonne,	*Mater quæ est bona.*
elle est bonne,	*illa est bona.*
L'exemple qui est bon,	*Exemplum quod est bonum.*
il est bon,	*illud est bonum.*

1.re REM. Le relatif qui se rapporte à deux singuliers se met au pluriel. Ex.

Le père et le fils qui,	*Pater et filius qui.*
La mère et la fille qui,	*Mater et filia quæ.*

2.e REM. Si les singuliers sont de différens genres, le relatif prend le plus noble des deux genres. Ex.

Le père et la mère qui,	*Pater et mater qui.*

3.e REM. Le relatif qui se rapporte à des noms de choses inanimées, se met au pluriel neutre. Ex.

La vertu et le vice qui,	*Virtus et vitium quæ.*

A quel Cas se met le Pronom relatif?

Le Pronom relatif est sujet ou régime.

Le Pronom relatif sujet se met au Nominatif ou à l'Accusatif, selon la 1.re remarque de la règle 14. EX.

Moi qui écoute,	*Ego qui audio.*
Toi qui enseignes,	*Tu qui doces.*
Ceux qui lisent,	*Illi qui legunt.*
Moi que vous croyez être bon,	*Ego quem credis esse bonum.*

RÈGLE 44. *Petrus* cujus *liber legitur.*

Le Pronom relatif régime, se met au cas voulu par le mot dont il est le régime. EXEMPLES :

Relatif régime d'un Nom.

Pierre *dont* le livre est lu, *son* livre est lu,	(2)	*Petrus* cujus *liber legitur.* ejus *liber legitur.*

Relatif régime d'un Adjectif.

Les louanges *dont* il est avide, il *en* est avide,	(6)	*Laudes* quarum *est avidus.* illarum *est avidus.*
Le père *auquel* il est semblable, il *lui* est semblable,	(8)	*Pater* cui *similis est.* ei *similis est.*
La douceur à *laquelle* il est porté, il *y* est porté,	(8)	*Lenitas ad* quam *pronus est.* *ad* hanc *pronus est.*
La vertu *dont* il est doué, il *en* est doué,	(10)	*Virtus* quâ *præditus est.* illâ *præditus est.*

Relatif régime d'un Comparatif.

Pierre que *lequel* il est plus savant, — il est plus savant que *lui*,	(12)	*Petrus* quo *doctior est.* eo *doctior est.*

Relatif régime d'un Partitif.

Le soldat *dont* un est venu, il *en* est venu un,	(13)	*Milites* quorum *unus venit.* ex illis *unus venit.*

Relatif régime d'un Verbe actif.

Le père *que j*'aime, je *l*'aime,	(15)	*Pater* quem *amo.* hunc *amo.*
L'Histoire de lire *laquelle* le temps est venu,		*Historia* quam (15) *legendi* ou *cujus* (2) *legendæ tempus venit.*

Relatif régime d'un Verbe neutre.

La grammaire *que j*'étudie, je *l*'étudie,	(16)	*Grammatica* cui *studeo.* huic *studeo.*
Les biens *dont* il regorge, il *en* regorge,	(17)	*Divitiæ* quibus *abundat.* illis *abundat.*
Les livres *dont* je me sers, je m'*en* sers,	(18)	*Libri* quibus *utor.* illis *utor.*

Relatif régime indirect d'un Verbe actif.

Le pauvre *à qui* j'ai donné du pain, — je *lui* ai donné du pain,	(21)	*Pauper* cui *panem dedi.* ei *panem dedi.*
La mort *dont* il me menace, il m'*en* menace,		*Mors* quam *mihi minatur.* hanc *mihi minatur.*

La vertu *où* ce chemin conduit,	(22)	*Virtus ad* quam *hæc via ducit.*
ce chemin *y* conduit,		*hæc via ad* hanc *ducit.*
L'Histoire *que* je vous exhorte à lire,		*Historia ad* quam *legendam te hortor.*
je vous exhorte à *la* lire,		*ad* hanc *legendam te hortor.*
La grammaire *que* j'enseigne aux enfans,	(23)	*Grammatica* quam *doceo pueros.*
je *la* leur enseigne,		hanc *eos doceo.*
Mon père *dont* j'ai reçu une lettre, -- j'*en* ai reçu une lettre,	(25)	*Pater* à quo *accepi litteras.* ab illo *accepi litteras.*
La mort *dont* J. C. nous a rachetés,	(26)	*Mors* à quâ *Christus nos redemit.*
il nous *en* a rachetés,		ab illâ *nos redemit.*
La fontaine *où* il a puisé,	(28)	*Fons* ex quo *hausit.*
il *y* a puisé,		ex illo *hausit.*
Les bienfaits *dont* je l'ai comblé, — je l'*en* ai comblé,	(29)	*Beneficia* quibus *hunc cumulavi.* — *Hunc* illis *cumulavi.*
Le danger *dont* je l'ai averti.	(30)	*Periculum* de quo *eum monui.*
je l'*en* ai averti,		Hoc *eum monui.*
Le larcin *dont* ils l'accusent,	(31)	*Furtum* quo *eum insimulant.*
ils l'*en* accusent,		Hoc *eum insimulant.*

Relatif régime d'un Verbe passif.

Mon père *dont* je suis aimé,	(34)	*Pater* à quo *diligor.*
j'*en* suis aimé,		ab illo *diligor.*
Le chagrin *dont* il est accablé,	(35)	*Mœror* quo *conficitur.*
il *en* est accablé,		illo *conficitur.*

Relatif régime de quelques Verbes.

Moi *à qui* cela appartient,	(34)	*Ego* ad quem *hoc pertinet.*
cela *lui* appartient,		*hoc* ad eum *pertinet.*
Moi *qui* me repens,	(35)	*Ego* quem *pœnitet.*
la faute *dont* je me repens,		*culpa* cujus *me pœnitet.*
Le Roi *à qui* il importe,	(36)	*Rex* cujus *interest.*
il *lui* importe,		illius *refert.*
Le Roi *à qui* il appartient,	(37)	*Rex* cujus *est.*
il *lui* appartient,		illius *est.*
Moi *qui* ai besoin d'un livre,	(38)	*Ego* cui *opus est libro.*
le livre *dont* j'ai besoin,		*liber* quo *mihi opus est.*
La maison *qu'il* m'interdit,	(39)	*Domus* quâ *mihi interdicit.*
il me *l'*interdit,		hâc *mihi interdicit.*

NOTA. Ces exemples suffisent pour savoir exprimer en latin les relatifs françois *qui*, *dont*, *que*, *en*, *y*, *où*, *il*, *elle*, *lui*, *leur*, *le*, *la*, *les*, etc.

SYNTAXE DES PARTICIPES.

ACCORD ET RÉGIME DES PARTICIPES.

Participes joints au sujet du Verbe.

Règle 45. *Gallus* escam quærens, etc.

Les Participes s'accordent comme les Adjectifs, et ils ont le même régime que leur Verbe. Exemples :

Un coq cherchant de la nourriture, trouva une perle,	*Gallus escam quærens, margaritam reperit* (15).
Cicéron devant prononcer un discours, trembloit,	*Cicero orationem habiturus, contremiscebat.*
L'enfant aimé de son père,	*Puer dilectus à patre* (32).
La leçon qui doit être récitée par les écoliers,	*Lectio à discipulis recitanda* (32).

Participes joints au régime du Verbe.

Règle 46. *Vidi eum* ingredientem.

Après le régime des Verbes qui signifient *voir*, *sentir*, *écouter*, *entendre*, *admirer*, on emploie le Participe présent au lieu du présent de l'Infinitif. Ex.

Je l'ai vu entrer, *c'est-à-dire*, j'ai vu lui entrant,	*Vidi eum ingredientem* (pour *ingredi.*)
Vous l'entendrez parler,	*Illum loquentem audies.*

Règle 47. *Dedit mihi libros* legendos.

Après le régime des Verbes qui signifient *donner*, *livrer*, *confier*, on emploie le Participe en *dus*, *da*, *dum*, au lieu du Gérondif en *dum* avec *ad*. Ex.

Il m'a donné des livres à lire, *c'est-à-dire*, des livres devant être lus,	*Dedit mihi libros legendos*, (pour *ad legendum.*)

ABLATIF ABSOLU.

RÈGLE 48. Partibus factis, *sic leo locutus est.*

Lorsque le Participe est joint à un Nom qui n'est ni le sujet ni le régime du Verbe, ce Participe et ce Nom se mettent à l'Ablatif. EXEMPLES :

Les parts étant faites, le lion parla ainsi,	*Partibus factis, sic leo locutus est.*
La lettre étant écrite, votre esclave est venu,	*Scriptâ jam epistolâ, venit puer tuus.*
Auguste régnant, Jésus-Christ est né,	*Augusto regnante, natus est Christus.*

REM. Les Adjectifs et les Noms employés adjectivement, servent à former l'Ablatif absolu. Ex.

Ils ont fait cela malgré lui, *c'est-à-dire*, lui ne voulant pas,	*Id egerunt, eo invito.*
J'irai sous votre conduite, *c'est-à-dire*, vous étant guide,	*Ibo, te duce* (1).

SYNTAXE DES PRÉPOSITIONS.

RÉGIME DES PRÉPOSITIONS.

RÈGLE 49. *Eo* ad studium.

Le régime des Prépositions *ad*, *adversùs* ou *adversùm*, *antè*, *apud*, *circà*, *circùm*, *cìs*, *citrà*, *contrà*, *ergà*, *extrà*, *infrà*, *inter*, *intrà*, *juxtà*, *ob*, *penès*, *per*, *ponè*, *post*, *prœter*, *propter*, *secundùm*, *suprà*, *trans*, *ultrà*, se met à l'Accusatif. EXEMPLES :

Je vais à l'étude,	*Eo ad studium.*
Il demeure auprès de la place publique,	*Habitat circà forùm.*

REM. Si le régime est un Infinitif, il se met au Gérondif en *dum*. Ex.

Je vais étudier,	*Eo ad studendum* (41).
Pendant le dîner,	*Inter prandendum.*

RÈGLE 50. *Venit* cum fratre.

Le régime des Prépositions *à* ou *ab*, *abs*, *absque*, *clàm*, *coràm*, *cum*, *de*, *è* ou *ex*, *palàm*, *præ*, *pro*, *tenùs*, se met à l'Ablatif. EX.

Il vint avec son frère, *Venit cum fratre.*

1.re REM. *Cum* s'accole à la suite des Pronoms personnels et de *qui* ou *quis*, *quæ*, *quod*. Ex.

Avec moi, avec qui, *Mecum*, *quocum.*

2.e REM. *Tenus* se place après son régime, qui se met au Génitif quand c'est un Nom pluriel. Ex.

Jusqu'à la garde,	*Capulo tenùs.*
Jusqu'aux oreilles,	*Aurium tenùs.*

3.e REM. Si le régime est un Infinitif, il se met au Gérondif en *do*, ou il se tourne par le Participe en *dus*, *da*, *dum*. Ex.

Pour faire cela, *Pro hâc re faciendâ* (15).

RÈGLE 51. *Est* sub terrâ, *it* sub terram.

Le régime des Prépositions *in*, *super*, *sub*, *subter*, se met à l'Ablatif, si le Verbe ne marque point de mouvement. Il se met à l'Accusatif, si le Verbe marque un mouvement. EXEMPLES :

Il est sous terre,	*Est sub terrâ.*
Il va sous terre,	*It sub terram.*

NOTA. La Préposition *a* ou *ab*, marque un point de *départ*.
La Préposition *ad*, marque un point d'*arrivée*.
La Préposition *è* ou *ex*, marque un point de *sortie*.
La Préposition *in*, avec l'Accusatif, marque un point d'*entrée*; avec l'Ablatif, elle marque un point de *résidence*. (Voyez les règles 60.61.62.)

Différentes espèces de Noms, régimes d'une Préposition exprimée ou sous-entendue.

Nom de matière.

RÈGLE 52. *Vas* ex auro.

Le Nom qui exprime de quelle matière une chose est faite, se met à l'Ablatif avec *è* ou *ex*. EX.

Un vase d'or,	*Vas ex auro.*
Une statue d'airain,	*Signum ex œre.*

REM. Il y a des Adjectifs en *eus* qui ont la valeur de cet Ablatif. Ex. *vas aureum*, *signum œreum.*

Noms de mesure et de distance.

RÈGLE 53. *Velum longum* tres ulnas, etc.

Le Nom qui marque la mesure ou la distance, se met à l'Accusatif ou à l'Ablatif sans Préposition. EX.

Un voile long de trois aunes,	*Velum longum tres ulnas (ad)*, OU *tribus ulnis (è* ou *ex).*
Il est éloigné de vingt pas,	*Abest viginti passus*, OU *viginti passibus.*

REM. Si le nom de mesure est précédé d'un Comparatif, il se met toujours à l'Ablatif. Ex.

Plus grand de deux doigts, *Duobus digitis major.*

Noms de l'instrument, de la cause, etc.

RÈGLE 54. *Feriit* gladio.

Le nom de l'instrument dont on se sert pour faire quelque chose, de la cause par laquelle elle se fait, de la manière dont elle se fait, et le nom de la partie, se mettent à l'Ablatif. EXEMPLES:

Il frappa de l'épée,	*Feriit gladio (cum).*
Il mourut de faim,	*Fame interiit (è ou ex).*
Vous l'emportez en beauté,	*Vincis formâ (è ou ex).*
Tenir aux oreilles,	*Tenere auribus (in).*

Nota. *En* avec le Participe présent, marque la manière, et s'exprime par le Gérondif en *do*. Ex. Il se promène en lisant, *ambulat legendo.*

Noms du prix, de la valeur.

Règle 55. *Hìc liber constat* triginta assibus.

Le Nom qui marque le prix, la valeur de quelque chose (*quanti*), se met à l'Ablatif sans Préposition. Ex.

Ce livre coûte 30 sous, *Hìc liber constat* 30 *assibus.*

Nota. Quand le Verbe *constàre* signifie *être composé*, il a toujours son régime à l'Ablatif. Ex. L'homme est composé d'une ame et d'un corps, *homo constat animâ et corpore*, (*è* ou *ex*).

Noms de temps.

Règle. 56. *Veniet* die Dominicâ.

Pour marquer quand une chose s'est faite ou se fera (*quandò*), le Nom de temps se met à l'Ablatif sans Préposition. Exemples :

Il viendra Dimanche,	*Veniet die Dominicâ (in).*
— le mois prochain,	— *mense proximo.*
— à trois heures,	— *horâ tertiâ.*

Rem. On emploie aussi à cette question la Préposition *post,* avec le nombre cardinal. Ex.

Il partira dans trois jours, *Post tres dies proficiscetur.*

Règle 57. *Regnavit* tres annos ou tribus annis.

Quand on veut marquer combien de temps une chose a duré ou durera (*quamdiù*), le Nom de temps se met à l'Accusatif ou à l'Ablatif, sans Préposition. Ex.

Il a régné trois ans, *Regnavit tres annos (per)* ou *tribus annis (in).*

RÈGLE 58. A tribus annis, OU tertium annum *regnat*

Quand on veut marquer depuis quel temps une chose se fait (*à quo tempore*) le Nom de temps se met à l'Ablatif avec *à* ou *ab*, ou à l'Accusatif sans Préposition. EXEMPLE :

Il y a trois ans qu'il règne, *c'est-à-dire*, il règne depuis trois ans, OU il règne pendant la troisième année,	*A tribus annis regnat*, OU *Tertium annum regna*(*per*).

REM. Si le temps est passé et qu'il ne dure plus (*ex quo*), on se sert du Nombre cardinal avec *abhinc*. Ex

Il est mort depuis trois ans, OU avant trois ans,	*Mortuus est* (*à*) *tribu* *abhinc annis*, OU (*ante*) *tres abhinc annos*.

NOTA. *Que*, après un Nom de temps passé, s'exprime par *ex qu* Ex. Il y a trois ans qu'il est mort, *tres sunt anni ex quo mortuus es*

RÈGLE 59. *Id fecit* intrà sex dies, OU sex diebus.

Quand on veut marquer en quel espace de temp une chose s'est faite ou se fera (*quanto tempore*), Nom de temps se met à l'Accusatif avec *intrà*, ou l'Ablatif sans Préposition. EXEMPLE :

Il a fait cela en six jours,	*Id fecit intrà sex dies* OU *sex diebus* (*in*).

Noms de lieu.

Il y a quatre questions de lieu ; savoir : *ubi?* o est-il? *quò?* où va-t-il? *undè?* d'où vient-il? *qu* par où passe-t-il?

RÈGLE 60. *Est* in Galliâ, in urbe.

A la question *ubi*, le Nom de lieu se met à l'Abla avec *in*. EXEMPLES :

Il est en France, dans la ville,	*Est in Galliâ*, *in urb*
Il se promène dans le jardin,	*Ambulat in horto* (51

NOTA. *Horto* se met à l'Ablatif, parce qu'on ne sort pas du lie

1.re REM. On sous-entend la Préposition devant les noms de villes, et devant *rus* et *domus*. Ex.

Il est né à Avignon,	*Natus est Avenione.*
— à Athènes,	— *Athenis.*

2.e REM. Si le nom de ville est au singulier et de la 1.re ou 2.e Déclinaison, il se met au Génitif. Ex.

Il demeure à Lyon,	*Habitat Lugduni.*
— à Rome,	— *Romæ.*

NOTA. Les Noms *domus*, *humus*, *militia*, *bellum*, se mettent aussi au Génitif. Ex. Est-il à la maison? *Est-ne domi?* En temps de guerre, *militiæ*, etc.

3.e REM. Le nom du lieu précis où une chose est arrivée, se met à l'Ablatif, ou à l'Accusatif avec *ad*. Ex.

Il est tombé à dix pas d'ici, *c'est-à-dire*, au dixième pas,	*Cecidit decimo abhinc passu (in)*, OU *ad decimam abhinc passum.*

4.e REM. A cette question, le nom de la personne se met à l'Accusatif avec *apud*. Ex.

Il soupoit chez son père,	*Cœnabat apud patrem.*

RÈGLE 61. *It* in Galliam, in urbem.

A la question *quò*, le nom de lieu se met à l'Accusatif avec *in*. EXEMPLES :

Il va en France, à la ville,	*It in Galliam, in urbem.*
Il est entré dans sa chambre,	*Ingressus est in cubiculum.*

1.re REM. On sous-entend la Préposition devant les noms de villes et devant *rus* et *domus*. Ex.

Il ira à Paris, à Lyon,	*Ibit Lutetiam, Lugdunum.*
— à la campagne,	— *rus.*
— à la maison,	— *domum.*

2.e REM. A cette question, le nom de la personne et celui de la chose se mettent à l'Accusatif avec *ad*. Ex.

Il va chez son père,	*It ad patrem.*
— au sermon,	— *ad sacram concionem.*

RÈGLE 62. *Redit* ex Galliâ, ex urbe.

A la question *undè*, le Nom de lieu se met à l'Ablatif avec *è* ou *ex*. EXEMPLES :

Il revient de la France,	*Redit ex Galliâ.*
— de la ville,	— *ex urbe.*
Il est sorti de sa chambre,	*Egressus est è cubiculo.*

1.re REM. On sous-entend la Préposition devant les Noms de villes et devant *rus* et *domus*. Ex.

Il revient de Lyon,	*Redit Lugduno.*
— de Rome,	— *Româ.*
— de la campagne,	— *rure.*
— de la maison,	— *domo.*

2.e REM. A cette question le Nom de la personne et celui de la chose se mettent à l'Ablatif avec *à* ou *ab*. Ex.

Il vient de chez son père,	*Redit à patre.*
— de la chasse,	— *à venatione.*

RÈGLE 63. *Iter fecit* per Galliam.

A la question *quà*, le Nom de lieu se met à l'Accusatif avec *per*. EXEMPLES :

Il a passé par la France,	*Iter fecit per Galliam.*
— par Lyon,	— *per Lugdunum.*

NOTA. Le Verbe *transire* porte avec lui sa Préposition. Ex. Il passa par la ville, *transiit urbem*, c'est-à-dire, *iit trans urbem*.

REM. A cette question le Nom de la personne est précédé du Nom *domus*. Ex.

Je passerai par chez mon oncle, *c'est-à-dire*, par la maison de mon oncle,	*Iter faciam per domum avunculi.*

Application de la Règle 1.re aux questions de lieu.

Quand après un Nom de ville, se trouve le Nom commun *urbs*, *locus*, etc.; il prend la Préposition de la question. EXEMPLES :

Ils s'arrêtèrent à Corinthe, lieu célèbre,	*Constiterunt Corinthi* (60), *in loco nobili.*
Je vais à Rome, ville d'Italie,	*Eo Romam* (61), *in urbem Italiæ.*
Je reviens de Lyon, grande ville,	*Redeo Lugduno* (62), *ex amplà urbe.*

REM. *Rus* et *domus*, suivis d'un Génitif ou d'un Adjectif, prennent la Préposition. Ex.

Il est dans la maison de César,	*Est in domo Cæsaris.*
-dans une campagne agréable,	— *in rure amœno.*

Adverbes de lieu qui s'emploient selon les questions.

Ubi, où est-il ?

Hic, *ici (où je suis).*	Ubique, *partout.*
Istic, *là (où tu es).*	Ubicumque, *quelque part que.*
Illic, *là (où il est).*	Ibidem, *là même.*
Ibi, *là, y.*	Utrìbi, *où des deux endroits.*
Alibì, *ailleurs.*	Foris, *dehors.*
Alicubi, *quelque part.*	Intùs, *en dedans.*

Quò, où va-t-il ?

Hùc, *ici (où je suis).*	Quòcumque, *quelque part que.*
Istùc, *là (où tu es).*	Eòdem, *là même.*
Illùc, *là (où il est).*	Utrò, *où des deux endroits.*
Eò, *là, y.*	Foràs, *dehors.*
Aliò, *ailleurs.*	Intrò, *dedans.*
Aliquò, Quòpiam, *quelque part.*	

Undè, d'où vient-il ?

Hinc, *d'ici (où je suis).*	Undiquè, *de partout.*
Istinc, *de là (où tu es).*	Undècumque, *de quelque part.*
Illinc, *de là (où il est).*	Indidem, *du même lieu.*
Indè, *de là, en.*	Utrindè, *duquel des deux lieux.*
Aliundè, *d'ailleurs.*	
Alicundè, *de quelque part.*	

Quà, par où passe-t-il ?

Hàc, *par ici (où je suis).*	Quàcumque, *par quelque part que*
Istàc, *par là (où tu es).*	Eàdem, *par le même endroit.*
Illac, *par là (où il est).*	Utrà, *par lequel des deux lieux.*
Eà, *par là, par l'endroit.*	Intrà, *par dedans.*
Aliquà, *par quelque lieu.*	

NOTA. Les Adverbes *ubì*, *quò*, *undè*, *quà*, ont pour antécédens *ibì*, *eò*, *indè*, *eà*, ordinairement sous-entendus.

SYNTAXE DES ADVERBES.

RÉGIME DES ADVERBES.

RÈGLE 64. *Multùm* aquæ.

Le régime des Adverbes de quantité se met au Génitif. Ex.

Beaucoup d'eau,	*Multùm aquæ.*
Peu de vin,	*Parùm vini.*
Plus de forces,	*Plus virium.*
Assez de paroles,	*Satis verborum.*

RÈGLE 65. *Ubinam* gentium.

Plusieurs Adverbes de lieu et de temps admettent un régime au Génitif. EXEMPLES :

En quel lieu du monde,	*Ubinam gentium.*
En aucun lieu du monde,	*Nusquàm gentium.*
Il en est venu à ce point d'insolence, de...,	*Eò insolentiæ venit, ut...*
Alors,	*Tunc temporis.*

REM. *Pridiè* et *postridiè* ont leur régime au Génitif ou à l'Accusatif. Ex.

Le jour (de devant) les Calendes,	*Pridiè Calendarum* ou *Calendas* (*antè*).
Le jour (d'après) les Ides,	*Postridiè Iduùm* ou *Idus* (*post*).

RÈGLE 66. Illius *ergò*. Montis *instar*.

Ergò et *instar*, se placent après leur régime, qui se met au Génitif. EXEMPLES :

Pour lui, à cause de lui,	*Illius ergò.*
Comme une montagne,	*Montis instar.*

1.re REM. Après *en, ecce*, on met le Nominatif, en sous-entendant *adest;* ou l'Accusatif, en sous-entendant *aspice*. Ex.

Voici, voilà le loup,	*En, ecce lupus* OU *lupum*.

2.e REM. Le régime des Adverbes dérivés est le même que celui de leurs primitifs. Ex.

Vivre comme il convient à la nature,	*Vivere convenienter naturæ* (16).
Aller au-devant de quelqu'un,	*Ire obviàm alicui* (7).

NOTA. *Obviàm* est dérivé de l'Adjectif *obvius, a, um.*

SYNTAXE DES CONJONCTIONS.

RÉGIME DES CONJONCTIONS.

Le régime des Conjonctions est un Verbe subordonné mis à l'Indicatif ou au Subjonctif. En indiquant les Conjonctions qui sont suivies du Subjonctif, nous faisons connoître que les autres sont suivies de l'indicatif.

RÈGLE 67. *Quùm Athenæ* florerent.

Après *quùm*, signifiant *lorsque*, on met l'imparfait et le plusque-parfait au Subjonctif. EXEMPLES :

Lorsqu'Athènes florissoit,	*Quùm Athenæ florerent.*
Lorsqu'il eût bu de l'eau,	*Quùm aquam bibisset.*

NOTA. *Quùm* ou *cùm* a pour antécédent *tùm*, ordinairement sous-entendu. Lisez : *tùm quùm Athenæ florerent.*

REM. *Quùm* signifiant *que* ou *lorsque*, s'emploie après les Noms et les Adverbes de Temps. Ex.

Un jour viendra que,	*Erit tempus quùm.*
Il y a longtemps que j'attends,	*Diù est quùm expecto.*

RÈGLE 68. *Quùm id* velis *et* volueris.

Après *quùm*, signifiant *puisque*, *vu que*, *comme*, on met toujours le Subjontif. EXEMPLES :

Puisque vous le voulez,	*Quùm id velis.*
Puisque vous l'avez voulu,	*Quùm id volueris.*

RÈGLE 69. *Dùm canis* ferret *carnèm.*

Après *dùm*, signifiant *tandis que*, on met l'imparfait au Subjonctif. EXEMPLE :

Tandis qu'un chien portoit de la chair,	*Dùm canis ferret carnem.*

RÈGLE 70. *Clitellas dùm* portem *meas.*

Après *dùm*, signifiant *pourvu que*, *jusqu'à ce que*, on met toujours le Subjonctif. EXEMPLES :

Pourvu que je porte mon bât,	*Clitellas dùm portem meas.*
Attendez jusqu'à ce qu'il arrive,	*Expecta dùm adveniat.*

RÈGLE 71. *Licet* sapiat.

Après *licet*, *quamquam*, *quamvis*, signifiant *quoique*, *encore que*, *bien que*, on met le Subjonctif ou l'Indicatif. EXEMPLES :

Quoiqu'il soit sage,	*Licet sapiat.*
Quoiqu'il soit innocent,	*Quamquam abest à culpâ.*

RÈGLE 72. *Si quis te* interroget.

Après *si* on met le Subjonctif, quand on marque d'une manière conditionnelle ou incertaine. EX.

Si l'on vous interroge,	*Si quis te interroget.*
S'il vient à savoir cela,	*Id si resciat* OU *rescierit.*
Si vous le faisiez,	*Id si faceres.*
Si vous l'aviez fait,	*Id si fecisses.*

NOTA. Après *si*, *nisi*, *nùm*, *sivè*, *quò*, on retranche *ali* dans les mots *aliquis*, *aliquid*, *aliquot*, *aliquandò*, etc.; on dit, *si quis* pour *si aliquis*, *si quandò* pour *si aliquandò*, etc.

1.re REM. Le Temps qui est après *si*, est ordinairement semblable à celui du Verbe du second membre de la phrase. Ex.

Si vous lisez ce livre, j'en serai charmé,	*Quem librum si leges* (*legas* OU *legeris*) *lætabor.*

Si vous venez, vous me ferez plaisir,	*Si veneris pergratum mihi feceris.*
Si je pouvois, je ferois,	*Si possem, facerem.*
Si j'eusse été ici, je vous eusse donné,	*Si hìc fuissem, tibi dedissem.*
Si je l'appelois, il s'en alloit,	*Quem si arcessibam, abibat.*

2.e Rem. Les Conjonctions qui signifient *si*, ou qui contiennent un *si*, sont suivies du Subjonctif. Ex.

Quoique vous vous taisiez,	*Etsi taceas.*
Si ce n'est qu'on ne dise,	*Nisi quis fortè dicat.*
Comme s'il étoit mon frère,	*Quasi esset frater meus.*
Soit qu'il veuille ou qu'il ne veuille pas,	*Sive velit, sive nolit.*
Comme si je ne savois pas,	*Ceu verò nesciam.*

3.e Rem. Après *si*, *etsi*, *etiamsi*, *tametsi*, on met l'Indicatif, quand on parle d'une manière certaine. Ex.

Si cela est vrai, cela ne peut être faux,	*Hoc si verum est, falsum esse non potest.*
Si je l'appelois, etc.	*Quem si arcessibam, etc.*
Quoique vous abusiez de la liberté, on vous la laisse,	*Etsi eâ abuteris, libertas tibi relinquitur.*
Il voit cela, quoiqu'il ne sache ce que c'est,	*Id videt, etiamsi quid sit, nescit.*

RÈGLE 73. *Nihil egi* quòd abesset, etc.

Après *quòd* signifiant *parce que*, *de ce que*, on met le Subjonctif ou l'Indicatif. Ex.

Je n'ai rien fait parce qu'il étoit absent,	*Nihil egi quòd abesset*, ou *quòd aberat.*

NOTA. *Quòd* a pour antécédent *eò*, *ideò*, *propterea*, *ideirco*; lisez : *nihil egi eo quòd abesset.*

RÈGLE 74. *Ut verum* dicam.

Après la Conjonction *ut*, signifiant *afin que*, *pour*

que, *de sorte que*, on met toujours le Subjonctif. Ex.

Afin que je dise vrai,	*Ut verum dicam.*
Faites en sorte que je sache,	*Fac ut sciam.*

1.re Rem. *Ne* se met pour *ut non*. Ex.

Afin que je ne mente pas,	*Ne mentiar.*

2.e Rem. Devant un Comparatif, *quò* se met pour *ut*. Ex.

Reposez-vous afin de mieux travailler,	*Otiare quò meliùs labores.*

3.e Rem. *Ut*, signifiant *dès que*, *aussitôt que*, *comme*, etc., est un Adverbe suivi de l'Indicatif. Ex.

Dès que j'ai quitté la ville,	*Ut ab urbe discessi.*
Comme on dit,	*Ut aiunt.*

SYNTAXE DE L'INFINITIF.

Verbes subordonnés.

On appelle *Verbe subordonné*, celui qui est le régime d'un Verbe qui précède. Ainsi quand je dis : *je crois qu'il lit* ; ces mots *il lit* forment le Verbe *subordonné* du Verbe *je crois*. La Conjonction *que* sert à joindre les deux Verbe.

RÈGLE 75. *Credo te* audire.

Les Verbes qui signifient *croire*, *savoir*, *être persuadé*, *espérer*, *assurer*, *prétendre*, *promettre*, etc., ont leur Verbe subordonné à l'Infinitif. Ex.

Je crois que vous écoutez, *en latin*, je crois toi écouter,	*Credo te audire.*

1.re Rem. Le Sujet du Verbe à l'Infinitif se met à l'Accusatif.

2.e Rem. Quand un Verbe subordonné françois est exprimé en latin par l'Infinitif, la Conjonction *que* se retranche, c'est-à-dire, ne s'exprime pas.

Emploi des Temps de l'Infinitif.

A quel Temps de l'Infinitif se met le Verbe subordonné ?

Règle 76. *Credo illum* audire.

Pour exprimer une action qui *se fait* ou *se faisoit* en même temps que celle du premier Verbe, on met le Verbe subordonné au présent de l'Infinitif. Ex.

Je crois qu'il écoute, *en latin*, je crois lui écouter,	*Credo*	
Je ne crois pas qu'il écoute,	*Non credo* . .	*illum audire.*
Je croyois qu'il écoutoit,	*Credebam*. . .	
Je ne croyois pas qu'il écoutât,	*Non credebam*	

Au passif :

Je crois qu'il est écouté, *en latin*, je crois lui être ecouté,	*Credo*	
Je ne crois pas qu'il soit écouté,	*Non credo* . .	*illum audiri.*
Je croyois qu'il étoit écouté,	*Credebam*. . .	
Je ne croyois pas qu'il fût écouté,	*Non credebam*	

Nota. Il suffit quelquefois d'ajouter un Sujet à l'Infinitif françois, pour avoir le tour latin. Exemple : je crois voir, *c'est-à-dire*, je crois moi voir, *credo me videre.*

Règle 77. *Credo illum* audivisse.

Pour exprimer une action qui *a été faite* avant celle du premier Verbe, on met le Verbe subordonné au parfait de l'Infinitif. Exemples :

Je crois qu'il a écouté, *en latin*, je crois lui avoir écouté,	*Credo*	
Je crois qu'il aura écouté,	*Credo*	*illum audivisse.*
Je ne crois pas qu'il ait écouté,	*Non credo* . .	
Je croyois qu'il avoit écouté,	*Credebam*. . .	
Je ne croyois pas qu'il eût écouté,	*Non credebam*	

Au passif :

Je crois qu'il a été écouté, *en latin*, je crois lui avoir été écouté,	*Credo*	
Je crois qu'il aura été écouté,	*Credo*	*illum*
Je ne crois pas qu'il ait été écouté,	*Non credo* . .	*auditum esse*
Je croyois qu'il avoit été écouté,	*Credebam* . .	ou *fuisse.*
Je ne croyois pas qu'il eût été écouté,	*Non credebam*	

RÈGLE 78. *Credo illum* auditurum esse.

Pour exprimer une action *à faire* ou *qui doit se faire* après celle du premier Verbe, on met le Verbe subordonné au présent de l'Infinitif obligatif. EX.

Je crois qu'il écoutera, *en latin*, je crois lui devoir écouter,	*Credo*	*illum auditurum esse.*
Je croyois qu'il écouteroit,	*Credebam*. . .	
Si je savois qu'il écoutât,	*Si scirem*. . .	

Au passif :

Je crois qu'il sera écouté, *en latin*, lui devoir être écouté,	*Credo*	*illum audiendum esse* ou *auditum iri.*
Je croyois qu'il seroit écouté,	*Credebam*. . .	
Si je savois qu'il fût écouté,	*Si scirem*. . .	

RÈGLE 79. *Credo illum* auditurum fuisse.

Quand le Verbe subordonné exprime un Conditionnel passé, il se met au parfait de l'Infinitif obligatif. EX.

Je crois qu'il auroit écouté, *en latin*, lui avoir dû écouter,	*Credo illum auditurum fuisse.*

Au passif :

Je crois qu'il auroit été écouté, *en latin*, lui avoir dû être écouté,	*Credo illum audiendum fuisse.*

Infinitif obligatif à suppléer.

Il y a des Verbes qui, comme *pœnitet*, *studet*, n'ont point de Supin en *um*, et par conséquent point d'obligatif.

RÈGLE 80. *Credo* fore *ut pœniteat.*

Quand le Verbe subordonné n'a point d'obligatif, on y supplée par l'obligatif impersonnel du Verbe *Sum*, en tournant la phrase comme il suit :

Je crois qu'il se repentira, *tournez*, je crois devoir être qu'il se repente,	*Credo fore* (OU *futurum esse*) *ut pœniteat*.

Je croyois qu'il se repentiroit, *tournez*, je croyois devoir être qu'il se repentît,	*Credebam fore* (OU *futurum esse*) *ut pœniteret.*
Je crois qu'il se seroit repenti, *tournez*, je crois avoir dû être qu'il se repentît,	*Credo futurum fuisse ut pœniteret.*

1.re REM. On emploie *fore ut* avec le parfait du Subjonctif, pour exprimer le futur passé et le parfait du Subjonctif françois, quand ces deux Temps marquent l'avenir. Ex.

Je crois qu'il aura bientôt terminé cette affaire,	*Credo fore ut brevì illud negotium confecerit.*
Je ne crois pas qu'il ait sitôt terminé cette affaire,	*Non credo fore ut tàm citò negotium confecerit.*

2.e REM. On emploie quelquefois la tournure par l'Obligatif impersonnel du Verbe *Sum*, quoique le Verbe subordonné ait un Obligatif. Ex.

Je crois qu'il viendra, *tournez*, je crois devoir être qu'il vienne,	*Credo fore ut veniat*, OU *futurum esse ut veniat.*
Je croyois qu'il viendroit, *tournez*, je croyois devoir être qu'il vînt,	*Credebam futurum esse ut veniret, etc.*

Amphibologie.

L'amphibologie a lieu lorsque le sujet d'un Infinitif actif peut être pris pour son régime, et *vice versâ.* Ainsi il y a amphibologie dans cette phrase :

Credo Petrum amare Paulum.
Je crois que Pierre aime Paul.

Pour éviter ce défaut, il faut tourner la phrase par le passif, et dire :

Credo Paulum à Petro amari.
Je crois que Paul est aimé de Pierre.

SYNTAXE DU SUBJONCTIF.

VERBES SUBORDONNÉS.

RÈGLE. 81. *Tibi suadeo* ut legas, ne ludas.

Après les Verbes qui signifient *persuader*, *conseiller*, *souhaiter*, *desirer*, *vouloir*; *dire*, *avertir*, *prier*, *commander*; *avoir soin*; *il faut*; *il est juste*; *il arrive*, *il importe*, etc., on emploie le Subjonctif avec *ut*, pour l'affirmation; avec *ne*, pour la négation. Ex.

Je vous conseille de lire, *en latin*, que vous lisiez,	*Tibi suadeo ut legas.*
— de ne pas jouer,	— *ne ludas.*
Avertissez-le de prendre garde à lui, *en latin*, qu'il prenne garde à soi,	*Mone illum ut sibi caveat.*
Ayez soin que tout soit prêt,	*Cura ut omnia sint parata.*
Ayez soin de ne pas tomber malade,	*Cura ne in morbum incidas.*
Il faut que vous veniez,	*Oportet ut venias.*

1.re REM. Après plusieurs de ces Verbes, on emploie aussi le présent de l'Infinitif. Ex.

Je vous conseille de lire,	*Suadeo tibi legere* (40).

2.e REM. Quand ces Verbes sont déclaratifs, le Verbe subordonné se rapporte à la Règle 75. Ex.

Avertissez-le que je suis arrivé, *c'est-à-dire*, moi être arrivé,	*Mone illum me advenisse.*

3.e REM. Après *curare*, on met mieux le Participe en *dus*, *da*, *dum*, que le Subjonctif passif. Ex.

Il a eu soin que les lettres me fussent apportées,	*Litteras ad me perferendas curavit.*

Il fit faire un pont,	*Pontem faciendum curavit.*

4.e REM. Après *oportet*, *volo*, *nolo*, *malo*, on met mieux le Participe passé que le Subjonctif passif. Ex.

Je veux que vous soyez averti d'une chose,	*Unum* (24) *te monitum volo.*

5.e REM. Le présent du Subjonctif sert à commander et à exhorter. Ex.

Qu'il s'en aille le traître,	*Abeat proditor.*
Allons promener,	*Eamus deambulatum.*

NOTA. On sous-entend *volo*, *jubeo*, *cupio*, etc., devant ce Subjonctif.

REGLE 82. *Dignus est* ut OU qui imperet.

Après les Verbes qui signifient *mériter*, *être digne*, on emploie le Subjonctif avec *ut* ou *qui*, *quæ*, *quod*.

EXEMPLES :

Il est digne de commander, *c'est-à-dire*, qu'il commande,	*Dignus est ut imperet*, (OU *qui imperet*).
Il est digne que j'aie pitié de lui,	*Dignus est ut illius* (OU *cujus*) *me misereat* (35).
Vous méritez qu'il vous favorise,	*Dignus es ut tibi faveat*, (OU *cui faveat*).
Il mérite que je l'honore,	*Dignus est ut eum colam* (OU *quem colam*).
Vous êtes digne qu'il mérite bien de vous,	*Dignus es ut de te*, (OU *de quo*) *benè mereatur.*

1.re REM. *Qui*, *quæ*, *quod*, s'emploie ainsi pour *ut* et le Pronom suivant, quand ce Pronom se rapporte au sujet du Verbe précédent. Si ce rapport n'existoit pas, on ne pourroit pas employer *qui*, *quæ*, *quod*. Ex.

Vous méritez bien que j'agisse ainsi,	*Dignus sanè es ut sic agam* (et non pas *qui*).

2.e REM. *Qui, quæ, quod*, s'emploie de même pour *ut* et un Pronom qui se rapporte au régime direct précédent. Ex.

Il envoya un homme pour m'avertir, *c'est-à-dire*, qui m'avertît,	*Misit hominem ut ille* (OU *qui*) *me moneret.*
Il m'a envoyé des livres à lire, *c'est-à-dire*, que je lusse,	*Misit mihi libros ut illos* (OU *quos*) *legerem.*

RÈGLE 83. *Deus prohibet* ne mentiamur.

Après les Verbes qui marquent *défense* ou *empêchement*, on emploie le Subjonctif avec *ne*. EX.

Dieu défend de mentir, *c'est-à-dire*, défend que nous ne mentions,	*Deus prohibet ne mentiamur.*
Cela m'a empêché de partir, *c'est-à-dire*, a empêché que je ne partisse,	*Id impedivit ne proficiscerer.*

1.re REM. Si le premier Verbe est précédé d'une négation ou d'une interrogation, au lieu de *ne*, on met *quin* ou *quominùs*. Ex.

Je ne vous empêche pas, qui vous empêche de partir, *c'est-à-dire*, que vous ne partiez,	*Non impedio, quis impedit quin* (OU *quominùs*) *proficiscaris.*
Il ne tient pas à moi que vous ne soyez heureux,	*Per me non stat quin sis beatus.*
Peu s'en est fallu (presque rien n'a empêché) qu'il ne tombât,	*Parum abfuit quin caderet.*

2.e REM. Le présent du Subjonctif s'emploie avec *ne*, pour exprimer une défense. Ex.

Qu'il ne dise pas,	*Ne dicat.*
Qu'il ne sorte pas d'ici,	*Hinc non exeat.*

NOTA. On sous-entend *volo*, *prohibeo*, etc., devant ce Subjonctif.

Regle 84. *Cave* ne cadas.

Après les Verbes qui signifient *prendre garde*, *dissuader*, on emploie le Subjonctif avec *ne*. Ex.

Prenez garde de tomber, *c'est-à-dire*, que vous ne tombiez,	*Cave ne cadas.*
Dissuadez-le de partir,	*Illi dissuade ne abeat.*

Règle 85. *Timeo* ne veniat, ut OU ne non veniat.

Après les Verbes qui signifient *craindre*, on emploie le Subjonctif avec *ne* pour l'affirmation; avec *ut* OU *ne non* pour la négation. Exemples :

Je crains qu'il ne vienne,	*Timeo ne veniat.*
— qu'il ne vienne pas,	— *ut* OU *ne non veniat.*

Rem. On dit, en employant l'Infinitif :

Je ne crains pas d'avouer,	*Non dubito fateri* (40).
Je crains de dire,	*Non audeo dicere* (40).

Règle 86. *Gaudeo* quòd *tibi* profuerim.

Après les Verbes qui signifient *se réjouir*, *se repentir*, *avoir honte*, *être surpris*, *remercier*, *savoir bon gré*, *louer*, *blâmer*, etc., on met le Subjonctif avec *quòd*. Exemples :

Je me réjouis de vous avoir été utile, *c'est-à-dire*, de ce que je vous ai été utile,	*Gaudeo quòd tibi profuerim.*
J'ai honte de ne vous avoir pas encore répondu,	*Me pudet quòd ad te nondùm rescripserim.*

Rem. Après ces Verbes on emploie aussi l'Indicatif ou l'Infinitif. Ex.

Je me réjouissois de ce que vous étiez arrivé,	*Lætabar quòd advenerás*, OU *te advenisse* (75).

Règle 87. *Expecta* dùm OU donec *Rex* advenerit.

Après les Verbes qui signifient *attendre*, on emploie le Subjonctif avec *dùm* ou *donec*. EXEMPLE :

Attendez que le Roi soit arrivé, *c'est-à-dire*, jusqu'à ce que le Roi soit arrivé,	*Expecta dùm* OU *donec Rex advenerit.*

RÈGLE 88. *Dubito* an valeat.

Après les Verbes qui marquent le *doute*, on emploie le Subjonctif avec *an* ou *utrùm*. EXEMPLE :

Je doute qu'il se porte bien, *c'est-à-dire*, s'il se porte bien,	*Dubito an valeat*, OU *utrùm valeat.*

1.re REM. Quand les Verbes qui marquent le doute sont précédés d'une négation ou d'une interrogation, le Verbe subordonné se met au Subjonctif avec *quin*. Ex.

Je ne doute pas, qui doute que la vertu ne soit aimable,	*Non dubito, quis dubitat quin virtus sit amabilis.*

NOTA. Le Verbe subordonné se met souvent à l'Infinitif. Ex. *Non dubito virtutem esse amabilem.*

2.e REM. Quand les Verbes qui marquent le doute, ont deux Verbes subordonnés, on met *utrùm* ou *an* devant le premier, et *an* ou *ne* au second. Ex.

Je ne sais s'il dort ou s'il écoute,	*Nescio utrùm dormiat, an audiat.*
— s'il écoute ou non.	— *an audiat nec ne.*

RÈGLE 89. *Parùm meâ refert* utrùm *dives* sim an *pauper*.

Après les Verbes qui marquent l'*indifférence*, on emploie le Subjonctif, avec *utrùm* devant le premier Verbe subordonné, et *an* ou *ne* au second. EX.

Peu m'importe que je sois riche ou pauvre, *c'est-à-dire*, si je suis riche ou si je suis pauvre,	*Parùm meâ refert utrùm dives sim an pauper*, (c'est-à-dire, *an pauper sim*).

Je me mets peu en peine que vous m'écoutiez ou non, *c'est-à-dire*, si vous m'écoutez, ou si vous ne m'écoutez pas,	*Parùm curo utrùm me audias, nec ne* (OU *an non*).

NOTE. Les Verbes subordonnés des deux règles précédentes, sont des interrogations doubles implicites (101).

RÈGLE 90. *Nescis* quis *ego* sim.

Tout Verbe subordonné se met au Subjonctif, quand il est joint au Verbe précédent par un mot qui est de sa nature interrogatif. EXEMPLES :

Vous ne savez pas qui je suis, *en latin*, qui je sois,	*Nescis quis ego sim.*
Dites-moi ce que vous faites,	*Dic mihi quid agas.*
Dites-moi lequel des deux a été le plus éloquent,	*Dic mihi uter fuerit eloquentior.*
Dites-moi quelle heure il est,	*Dic mihi quota hora sit.*
Je voudrois savoir d'où vous venez, où vous allez,	*Scire velim undè venias,* — *quò eas.*
Cela a été cause que je n'ai pas été vous voir,	*Id causa fuit cur te non inviserim.*
Je dirai en peu de mots combien la liberté est douce.	*Quàm dulcis sit libertas breviter proloquar.*

REM. Les mots interrogatifs de leur nature sont *quis? quæ? quod? quid? uter? utrùm? ubi? quò? undè? quà? cur? quare? quomodò? quandò? quàm? quantùm? ut? quot? quotus? quoties? an? ne? nùm? numquid?* etc. Placés entre deux Verbes, ces mots sont Conjonctifs.

Emploi des Temps du Subjonctif.

A quel Temps du Subjonctif se met le Verbe subordonné, quand il exprime un présent ou un futur vague?

RÈGLE 91. *Tibi dico ut* legas.

Après un présent ou un futur, le Verbe subordonné se met au présent du Subjonctif. EXEMPLES :

Je vous dis Je vous dirai	de lire,	*Tibi dico* *Tibi dicam*	*ut legas.*

RÈGLE 92. *Tibi dicebam ut* legeres.

Après un imparfait ou un Temps passé, le Verbe subordonné se met à l'imparfait du Subjonctif. EX.

Je vous disois Je vous ai dit Je vous avois dit Je vous dirois, Je vous aurois dit	de lire,	*Tibi dicebam* *Tibi dixi* *Tibi dixeram* *Tibi dicerem* *Tibi dixissem*	*ut legeres.*

A quel Temps du Subjonctif se met le Verbe subordonné, quand il exprime un passé ?

RÈGLE 93. *Me pudet quòd non* studuerim.

Après un présent ou un futur, le Verbe subordonné se met au parfait du Subjonctif. EXEMPLES :

J'ai honte J'aurai honte	de n'avoir pas étudié,	*Me pudet* *Me pudebit*	*quòd non studuerim.*

RÈGLE 94. *Me pudebat quòd non* studuissem.

Après un imparfait ou un temps passé, le Verbe subordonné se met au plusque-parfait du Subjonctif. EX.

J'avois honte J'ai eu honte J'avois eu honte J'aurois honte J'aurois eu honte	de n'avoir pas étudié,	*Me pudebat* *Me puduit* *Me puduerat* *Me puderet* *Me puduisset*	*quòd non studuissem.*

RÈGLE 95. *Nescio quid* ageres, *quid* egisses.

Après un présent, on emploie l'imparfait et le plusque-parfait du Subjonctif, pour l'imparfait et le plusque-parfait de l'Indicatif. EXEMPLES :

Je ne sais ce que vous faisiez,	*Nescio quid ageres*, (pour *quid agebas*).
Je sais ce que vous aviez fait,	*Nescio quid egisses*, (pour *quid egeras*).

A quel Temps du Subjonctif se met le Verbe subordonné, quand il exprime un futur précis ?

REGLE 96. *Nescio an* audituras sit.

Après un présent ou un futur, le Verbe subordonné se met au présent du Subjonctif obligatif. EX.

Je ne sais Je ne saurai	s'il écoutera,	*Nescio* *Nesciam*	*an auditurus sit.*

RÈGLE 97. *Nescio an* auditurus esset.

Si le Verbe subordonné est un Conditionnel présent, il se met à l'imparfait du Subjonctif obligatif. EX.

Je ne sais pas Je ne savois pas Je n'ai pas su Je n'avois pas su Je ne saurois pas Je n'aurois pas su	s'il écouteroit,	*Nescio* *Nesciebam* *Nescivi* *Nesciveram* *Nescirem* *Nescivissem*	*an auditurus esset.*

RÈGLE 98. *Nescio an* auditurus fuisset.

Si le Verbe subordonné est un Conditionnel passé, il se met au plusque-parfait du Subjonctif obligatif.

EXEMPLES :

Je ne sais s'il auroit écouté,	*Nescio an auditurus fuisset.*

SUBJONCTIF OBLIGATIF A SUPPLÉER.

RÈGLE 99. *Nescio an* futurum sit *ut pœniteat.*

Quand le Verbe subordonné n'a point d'obligatif, on y supplée par l'obligatif impersonnel du Verbe *Sum*, en tournant la phrase comme il suit :

Je ne sais s'il se repentira, *tournez*, s'il doit être qu'il se repente,	*Nescio an futurum sit ut pœniteat* (91).
Je ne savois s'il se repentiroit, *tournez*, s'il devoit être qu'il se repentît,	*Nesciebam an futurum esset ut pœniteret* (92).

Je ne sais s'il se seroit repenti, *tournez*, s'il auroit dû être qu'il se repentît,	*Nescio an futurum fuisset ut pœniteret* (92).

1.re REM. On emploie *futurum sit*, avec le parfait du Subjonctif, pour exprimer le futur passé et le présent du Subjonctif françois, quand ces deux Temps marquent l'avenir. Ex.

Je ne sais s'il aura bientôt terminé cette affaire,	*Nescio an futurum sit ut brevi istud negotium confecerit.*
Je doute qu'il ait sitôt terminé cette affaire,	*Dubito an futurum sit ut tam citò istud negotium confecerit.*

2.e REM. On emploie quelquefois la tournure par l'obligatif impersonnel du Verbe *Sum*, quoique le Verbe subordonné ait un obligatif. Ex.

Je doute qu'il vienne, *c'est-à-dire*, s'il doit être qu'il vienne,	*Dubito an futurum sit ut veniat.*
Je ne sais s'il viendroit,	*Nescio an futurum esset ut veniret, etc.*

SYNTAXE

DE LA DEMANDE ET DE LA RÉPONSE.

RÈGLE 100. An *vidisti Regem?*

Quand on interroge, on met *an* ou *nùm* devant le premier mot de la phrase, ou *ne* après. Ex.

Avez-vous vu le Roi?	*An vidisti Regem?* *Vidisti-ne Regem?* *Nùm vidisti Regem?*

RÈGLE 101. *Dormit* ne, an *audit?*

Si l'interrogation est double, on met *ne* à la première, et *an* à la seconde, ou bien *an* ou *ne* à chacune. Ex.

Dort-il ou écoute-il?	*Dormit-ne, an audit?* ou *an dormit, an audit?* ou *dormit-ne, audit-ne?*
Lequel des deux est le plus savant de vous ou de votre frère? *c'est-à-dire*, est-ce vous ou votre frère?	*Uter est doctior, tu ne an frater?*

Règle 102. *Quis te redemit?* Jesus Christus.

Dans la réponse, on sous-entend souvent le Verbe ou le régime de la demande. Ex.

Qui vous a racheté? Jésus-Christ,	*Quis te redemit? Jesus-Christus* (14).
Qui a pitié des paresseux? personne,	*Quem miseret pigrorum? neminem* (35).
A qui importe-t-il? à moi,	*Cujusnam interest? meâ* (36).
A qui appartient-il de parler? à vous,	*Cujusnam est loqui? tuum* (37).
Lisez-vous ce livre? Je le lis,	*Legis-ne hunc librum? Lego.*

SYNTAXE

DU COMMANDEMENT ET DE LA DÉFENSE.

Règle 103. *Puer*, abige *muscas*.

Quand on commande et quand on exhorte, on se sert de l'Impératif ou du Subjonctif. Exemples :

Laquais chassez les mouches,	*Puer, abige muscas.*
Qu'il s'en aille le traître,	*Abeat proditor* (81).

Rem. Les troisièmes personnes en *to*, ne s'emploie guère que dans le style des lois. Ex.

Que le salut du peuple soit la loi souveraine,	*Salus populi suprema lex esto.*

RÈGLE 104. Ne *insulta*, ne *insultes*, noli *insultare miseris*.

Quand on défend, on se sert de *ne* avec l'Impératif ou le Subjonctif, ou de *noli*, *nolite* avec le présent de l'Infinitif. EX.

N'insultez point les malheureux,	*Ne insulta*, OU *ne insultes miseris.*
Ne veuillez point insulter les malheureux,	*Noli insultare miseris.*

REM. A la troisième personne on se sert toujours du Subjonctif.

Qu'il ne dise pas,	*Ne dicat* (83).

SYNTAXE DES INTERJECTIONS.

Les Interjections n'ont pas de vrai régime, mais elles sont suivies de différens cas qui se rapportent à quelque mot sous-entendu. EXEMPLES :

Malheur à toi !	*Væ tibi !* (*dico*)
Ah ! que je suis malheureux !	*Heu me miserum !* (*video*)
O le beau gardien !	*O præclarum custodem !* (*facis*)
O j'en atteste les dieux !	*Proh deûm fidem !* (*testor*)

L'usage apprendra les autres constructions.

FIN DE LA DEUXIÈME PARTIE.

TROISIÈME PARTIE.

MÉTHODE,

OU

Manière de rendre en latin plusieurs espèces de mots françois et les gallicismes qui ne peuvent se résoudre par la Syntaxe.

MÉTHODE DES PRONOMS.

Pronom *se.*

Règle 105. *Superbus* se *laudat.*

On exprime *se* par *sui*, *sibi*, *se*, quand le sujet du Verbe exprime un objet animé qui fait l'action sur lui-même. Exemples :

L'orgueilleux se loue,	*Superbus se laudat.*
Il se flatte,	*Sibi blanditur.*

Rem. Dans les trois phrases suivantes, les sujets sont considérés comme exprimant des objets animés. Ex.

Le poison se glisse dans les veines,	*Venenum sese in venas insinuat.*
Si l'occasion se présente,	*Si occasio sese dederit.*
Si la chose est ainsi,	*Si ità res se habeat.*

Règle 106. *Hæc vox* invenitur *apud Phædrum.*

Si le sujet du Verbe exprime un objet inanimé ou qui ne fait pas l'action sur lui-même, on exprime *se*, en tournant le Verbe par le passif. Exemples :

Ce mot se trouve dans Phèdre, *c'est-à-dire*, est trouvé,	*Hæc vox invenitur apud Phædrum.*

Il ne s'ébranle pas de vos menaces,	*Minis non movetur tuis.*

RÈGLE 107. *Petrus et Paulus* se invicem *laudant.*

Quand *se* a rapport à deux sujets exprimant des objets animés qui font l'action l'un sur l'autre, on ajoute *invicem* à *sui*, *sibi*, *se*, ou l'on se sert de la Préposition *inter*. EXEMPLES :

Pierre et Paul se louent, *c'est-à-dire*, tour-à-tour.	*Petrus et Paulus se invicem laudant.*
Ils se battent, *c'est-à-dire*, entr'eux,	*Inter se pugnant.*

PRONOMS *il*, *elle*, *le*, *la*, *lui*, *leur*.

RÈGLE 108. *Dicit* se *audire*, se *audiri.*

Quand les Pronoms *il*, *elle*, *le*, *la*, etc., deviennent les sujets d'un Verbe subordonné à l'Infinitif, et qu'ils se rapportent au sujet du premier Verbe, ils se tournent par *soi*, et s'expriment par *se*. EXEMPLES :

Il dit qu'il écoute, *tournez*, il dit soi écouter,	*Dicit se audire* (75).
Il dit qu'on l'écoute, *tournez*, il dit soi être écouté,	*Dicit se audiri.*

REM. *Il* devant un impersonnel ne s'exprime pas. Ex.

Il croit qu'il importe, *tournez*, il croit importer,	*Credit referre.*

RÈGLE 109. *Puer orat ut* sibi *ignoscas* (81).

Quand les Pronoms *le*, *la*, *lui*, *leur*, etc., sont le régime d'un Verbe subordonné, et qu'ils se rapportent au sujet du premier Verbe, on les exprime par *sui*, *sibi*, *se*, pourvu qu'il n'en résulte point d'ambiguïté. EXEMPLES :

L'enfant vous prie de lui pardonner, *tournez*, prie que vous pardonniez à soi,	*Puer orat ut sibi ignoscas.*

Rem. On dit :

Il croit qu'il lui importe,	*Credit suâ referre* (36).

RÈGLE 110. *Credo* illum *audire.*

Les Pronoms *il*, *elle*, *le*, *la*, *lui*, *leur*, hors des rapports précédents, s'expriment par *is*, *hic*, *ille*, *iste*, *ipse*, *qui*. Exemples :

Je crois qu'il écoute,	*Credo illum audire.*
Je crois qu'il est écouté,	*Credo illum audiri.*
Je vous prie de l'épargner,	*Oro te ut illi parcas.*
— de l'interroger,	— *ut eum interroges.*

Nota. Le sens de la phrase, ou les antécédents et les conséquents, indiquent si l'on peut employer *sui*, *sibi*, *se*, sans qu'il en résulte d'ambiguité.

RÈGLE 111. *Vult ut mentiar*, id *non agam.*

Quand le Pronom *le* se rapporte à un Verbe qui précède, il se tourne par *cela*, et s'exprime par un des Pronoms *id*, *hoc*, *illud*, *istud*, *quod*. Ex.

Il veut que je mente, je ne le ferai pas, *tournez*, je ne ferai pas cela,	*Vult ut mentiar, id non agam.*

Pronoms *celui*, *celle*, *ceux*, *celles.*

RÈGLE 112. *Brevior est hominum quàm cornicum vita.*

Quand *celui*, *celle*, *ceux*, *celles*, tenant la place d'un Nom précédent, sont suivis d'un régime, on ne les exprime pas. Exemple :

La vie des hommes est plus courte que (celle) des corneilles,	*Brevior est hominum quam cornicum vita.*

REM. Le Nom se répète quand il doit être mis à un cas différent. Ex.

Les qualités de l'ame sont préférables à celles du corps, *Animi dotes corporis dotibus longè præstant.*

PRONOMS *son, sa, ses, leur, leurs.*

RÈGLE 113. *Pater amat liberos* suos.

Quand les Pronoms *son, sa, ses, leur, leurs*, sont joints à un régime, et qu'ils se rapportent au sujet du Verbe précédent, ils s'expriment par *suus, a, um*. Ex.

Un père aime ses enfans, *Pater amat liberos suos.*
Il ordonne qu'ils disent leur avis, *Jubet ut sententiam dicant suam*,

REM. *Suus, a, um,* se joint à un régime avec rapport à un autre régime. Ex.

J'ai rendu à César son épée, *Suum Cæsari gladium restitui.*

RÈGLE 114. *Mater te orat ut ignoscas filiolo* suo.

Quand les Pronoms *son, sa, ses*, etc., sont joints au régime d'un Verbe subordonné, et qu'ils se rapportent au sujet du premier Verbe, on les exprime par *suus, a, um*, pourvu qu'il n'en résulte point d'ambiguité. EXEMPLE :

La mère vous prie de pardonner à son fils, *Mater te orat ut ignoscas filiolo suo* (81).

RÈGLE 115. Sua eum *commendat modestia.*

Quand les Pronoms *son, sa, ses*, etc., sont joints au sujet d'un Verbe, et qu'ils se rapportent à son régime direct, ils s'expriment par *suus, a, um*, Ex.

Sa modestie le rend recommandable, *Sua eum commendat modestia.*

L'ambition de cet homme le perdra, *c'est-à-dire*, son ambition perdra cet homme,	*Sua hominem perdet ambitio.*

REM. Le régime direct du Verbe françois, est ordinairement un des Pronoms *le*, *la*, *les*, *que*.

RÈGLE 116. *Ejus* librum accepi.

Les Pronoms *son*, *sa*, *ses*, etc., hors des rapports précédens, s'expriment par les Génitifs *ejus*, *eorum*; *illius*, *illorum*, *ipsius*, *ipsorum*, etc. EXEMPLES :

J'ai reçu son livre, *c'est-à-dire*, le livre de lui,	*Ejus librum accepi.*
Il déteste leurs défauts,	*Eorum vitia odit.*
Je vous prie de prendre ses intérêts, *c'est-à-dire*, de servir aux intérêts de lui,	*Te rogo ut illius commodis inservias.*
Son caractère est excellent,	*Ejus indoles est optima.*

NOTA. Le sens de la phrase, ou les antécédents et les conséquents, indiquent si l'on peut employer *suus*, *a*, *um*, sans qu'il en résulte d'ambiguité.

PRONOMS *on*, *l'on*.

RÈGLE 117. *Virtus* amatur.

On, *l'on* s'expriment en tournant le Verbe par le passif personnel. EXEMPLES :

On aime la vertu, *tournez*, la vertu est aimé,	*Virtus amatur.*
Je sais qu'on l'aime, *tournez*, je sais elle être aimée,	*Scio illam amari.*
On dit que les écoliers causent, *tournez*, les écoliers sont dits causer,	*Discipuli dicuntur garrire.*

REM. Cette phrase : *On enseigne la grammaire aux*

enfans, doit se tourner ainsi au passif : *Les enfans sont enseignés sur la grammaire*, docentur pueri grammaticam (23).

RÈGLE. 118. *Narratur*, *fertur*.

On, *l'on*, s'expriment aussi en tournant le Verbe par l'Impersonnel passif. EXEMPLES :

On raconte, *tournez*, il est raconté,	*Narratur*, *fertur*.
On dit que les écoliers causent, *tournez*, il est dit les écoliers causer,	*Dicitur discipulos garrire* (75).

1.re REM. On emploie cette tournure quand le Verbe actif françois n'a pas de régime direct.

2.e REM. Quelques Verbes neutres ont un Impersonnel passif. Ex.

On va, on est venu,	*Itur*, *ventum est*.

RÈGLE 119. Amant *virtutem*.

On, *l'on*, s'expriment encore en tournant le Verbe par la troisième personne du pluriel. EXEMPLES :

On aime la vertu, *c. à d.* les hommes aiment la vertu,	*Amant virtutem*, (on sous-entend *homines*).
On dit, on rapporte, etc.	*Aiunt*, *dicunt*, *ferunt*, *memorant*, *perhibent*.

1.re REM. On emploie cette tournure, lorsque le Verbe latin est neutre ou déponent.

2.e REM. Devant les Verbes *pœnitet*, *pudet*, *tædet*, etc., on exprime *homines*. Ex.

On se repent d'avoir mal vécu,	*Homines pœnitet malè vixisse*.

RÈGLE 120. *Quæ* polliciti sumus, *præstanda sunt*.

On, *l'on*, s'expriment encore en tournant le Verbe par la première personne du pluriel. Ex.

Ce que l'on a promis, il faut l'exécuter, *tournez*, les choses que nous avons promises, doivent étre...., | *Quœ polliciti sumus, prœstanda sunt.*

NOTA. On dit *quod* pour *id quod*; *quœ* pour *ea quœ*.

RÈGLE 121. Nemo *sine virtute potest esse beatus.*

On, *l'on*, s'expriment encore par les Pronoms indéfinis *nemo*, *nullus*, *aliquis*, etc. EXEMPLES :

On ne peut être heureux sans la vertu, *c'est-à-dire*, personne ne peut...... | *Nemo sine virtute potest esse beatus.*

Quand on desire le bien d'autrui, on perd justement le sien, *c'est-à-dire*, celui qui desire le bien d'autrui, perd justement le sien, | *Qui bonum alienum appetit, meritò amittit proprium.*

Si l'on vous demande, *c. à d.*, si quelqu'un vous... | *Si quis te interroget.*

RÈGLE 122. Videas OU videre est *homines qui honores appetant.*

On voit, *l'on trouve*, s'expriment en tournant le Verbe par la seconde personne du singulier du Subjonctif, ou par le présent de l'Infinitif avec *est*, *erat*, *fuit*, etc. EXEMPLES :

On voit des gens qui aspirent aux honneurs, | *Videas* OU *videre est homines qui honores appetant.*

On trouve des gens qui... | *Reperias qui...*

TEL OU *TELLE QUE.*

RÈGLE 123. *Non* is *sum* qui *tu.*

Tel ou *telle* s'exprime, par *is*, *ea*, *id*, et le *que* suivant par *qui*, *quœ*, *quod*. EXEMPLES :

Je ne suis pas tel que vous, *c'est-à-dire*, celui lequel vous êtes,	*Non is sum qui tu*, (on sous-entend *es*).

NOTA. On peut se servir de *talis qualis*. Ex. *Non sum talis qualis tu*.

Il n'est pas tel que vous pensez, *c'est-à-dire*, celui lequel vous pensez lui être,	*Non is est quem putas*, (on sous-entend *eum esse*).

1.re REM. *Tel*, au commencement d'une phrase, se tourne par *quelques-uns*, en latin, *quidam*; ou *il y en a qui*, en latin, *sunt qui*. Ex.

Tel rit aujourd'hui, qui pleurera demain,	*Quidam* (OU *sunt qui*) *hodiè rident, qui cras flebunt*.

2.e REM. Quand *tel* peut se tourner par *de cette sorte*, on l'exprime par *hujus modi*, en bonne part, et par *istius modi*, en mauvaise part. Ex.

Qui n'aimeroit de tels enfans!	*Quis hujus modi puerulos non amet!*
Qui ne haïroit de tels gens!	*Quis istius modi homines non oderit!*

NOTA. Le présent du Subjonctif s'emploie souvent pour l'imparfait.

REGLE 124. Qui *pater est*, is *est filius*.

Tel répété, s'exprime comme *tel que*; mais la phrase est renversée, le second membre se mettant le premier. EXEMPLE :

Tel père, tel fils, *c'est-à-dire*, le fils est tel que le père,	*Qui pater est, is est filius. Qualis pater, talis filius.*

RÈGLE 125. Ea *debet esse liberalitas* ut, etc.

Si *que* après *tel* marque l'effet, il s'exprime par *ut* avec le Subjonctif. EXEMPLES :

La libéralité doit être telle qu'elle ne nuise à personne,	*Ea debet esse liberalitas ut nemini noceat.*
La force de la vertu est telle que nous l'aimons même dans un ennemi,	*Ea vis est probitatis, ut illam vel in hoste diligamus.*

LE MÊME OU *LA MÊME QUE.*

RÈGLE 126. *Non* idem *es* qui *fuisti.*

Le même ou *la même* s'exprime par *idem, eadem, idem*, et le *que* suivant par *qui, quæ, quod*. Ex.

Vous n'êtes pas le même que vous avez été,	*Non idem es qui fuisti olim.*
Ma mère n'est pas la même que je l'ai vu,	*Non eadem est mater mea quam vidi (eam esse).*
Je me sers des mêmes livres que vous, *c'est-à-dire*, dont vous vous servez,	*Iisdem libris utor quibus tu (uteris).*

1.re Rem. *Le même*, devant un Nom, s'exprime par *idem, eadem, idem. Même*, après un Nom, s'exprime par *ipse, a, um*. Ex.

Le même homme,	*Idem homo.*
L'homme même,	*Homo ipse.*

Nota. *Ipse*, joint au régime, s'accorde mieux avec le sujet, quand il s'y rapporte. Ex. Il se nuit à lui-même, *Ipse sibi nocet.*

2.e Rem. *Ne pas même*, s'exprime par *ne...quidem*, que l'on sépare en mettant un mot entre *ne* et *quidem*. Ex.

Je ne l'ai pas même vu,	*Eum ne vidi quidem.*

3.e Rem. *De même que*, signifiant *comme si*, s'exprime par *non secùs ac, perindè ac, tanquam*. Ex.

Je l'aime de même que s'il étoit mon frère,	*Illum perindè amo ac si esset frater meus.*

4.e REM. *De même*, signifiant *ainsi*, s'exprime par *Item*. Ex.

Il n'en est pas de même des Romains,	*Non item de Romanis.*

NOTA. *Et même*, Conjonction, s'exprime par *imò*, *quin etiam*.

AUTRE QUE, AUTREMENT QUE.

RÈGLE 127. Alius es quàm eras.

Autre s'exprime par *alius*, *a*, *ud*; autrement par *aliter*, et le *que* suivant par *quàm* ou *atque*, *ac*. Ex.

Vous êtes autre que vous n'étiez,	*Alius es quàm eras.*
Il parle autrement qu'il ne pense,	*Aliter loquitur atque sentit*, (OU *aliter loquitur, aliter sentit.*)

1.re REM. *Tout autre*, signifiant *quelqu'autre que ce soit*, s'exprime par *quivis alius*, *quilibet alius*. Ex.

Tout autre que le peuple romain eût perdu courage,	*Quivis alius populus ac romanus despondisset animum.*

2.e REM. Si *tout autre* signifie *tout différent*, il s'exprime par *longè alius*. Ex.

Vous êtes tout autre que je ne vous ai vu,	*Longè alius es quàm te vidi.*

RÈGLE 128. *Quœre* uter utri *insidias fecerit*.

Autre après *lequel des deux*, en latin *uter*, s'exprime aussi par *uter*, *a*, *um*. Ex.

Examinez lequel des deux a dressé des embûches à l'autre,	*Quœre uter utri insidias fecerit.*

REM. Ces phrases : *Ils se haïssent l'un et l'autre ; ils ne s'aiment ni l'un ni l'autre*, se tournent aiusi :

L'un et l'autre hait l'autre,	*Uterque alterum odit.*
Ni l'un ni l'autre n'aime l'autre,	*Neuter alterum amat.*

RÈGLE 129. Alii *ludunt*, *cantant* alii.

L'un.....l'autre, quand on parle de plus de deux, s'expriment par *alius*, *a*, *ud*, répété. EXEMPLE :

Les uns jouent, les autres chantent,	*Alii ludunt, cantant alii.*

Si l'on ne parle que de deux, on se sert de *unus* et *alter*, ou de *alter* répété. EXEMPLE :

L'un dit oui, l'autre dit non,	*Unus ait, negat alter*, OU *alter ait, negat alter.*

RÈGLE 130. Alii aliis *rebus delectantur.*

Quand *l'un....l'autre* sont répétés aux deux membres d'une phrase avec même Verbe, on emploie *alius* au sujet et au régime d'un seul Verbe. EX.

Les uns aiment une chose, les autres une autre, *en latin*, d'autres personnes aiment d'autres choses,	*Alii aliis rebus delectantur.*
Les uns s'en allèrent d'un côté, les autres de l'autre,	*Alii aliò dilapsi sunt.*

RÈGLE 131. *Cœpit vesci* singulis.

L'un après l'autre s'exprime par *singuli, æ, a.* EXEMPLE :

Il les mangea l'un après l'autre, *c. à d.*, un à un,	*Cœpit vesci singulis.*

LE PREMIER, LE SECOND.

RÈGLE 132. Prior *ridebat*, posterior *flebat.*

Le *premier*, *le second*, quand on ne parle que de deux, s'expriment, le *premier* par *prior*, *us*, le *second* par *posterior*, *us.* EXEMPLE :

Le premier rioit, le second pleuroit,	*Prior ridebat*, *posterior flebat.*

Mais si l'on parle de plus de deux, on se sert de *primus*, *secundus*, etc.

CELUI-CI, CELUI-LA.

RÈGLE 133. Hic *erat bonus*, ille *malus.*

Celui-ci s'exprime par *hic*, *hæc*, *hoc*; *celui-là* par *ille*, *a*, *ud.* EXEMPLE :

Celui-ci étoit bon, celui-là étoit mauvais,	*Hic erat bonus*, *ille malus.*

CELUI DES DEUX QUI.

RÈGLE 134. Uter *demutaverit*, etc.

Celui des deux qui s'exprime par *uter*, *a*, *um.* EX.

Celui des deux qui se dédira, paiera l'amende,	*Uter demutaverit*, *pecuniâ mulctabitur.*

QUEL OU QUELLE QUE, QUELQUE...QUE.

RÈGLE 135. Quod*cumque consilium capias.*

Quel ou *quelle que* ou *quelque...que*, s'expriment,

1.° Avec un nom de chose qui ne se compte pas, par *quicumque*, *quæcumque*, *quodcumque.* EX.

Quelque conseil que vous preniez,	*Quodcumque consilium capias.*

NOTA. Le Verbe après *cumque* se met toujours au Subjonctif.

2.° Avec un nom de chose qui peut se dire grande, par *quantuscumque*, *quantacumque*, *quantumcumque*. EXEMPLE :

Quelle que soit sa mémoire, il oublie cependant bien des choses,	*Quantacumque sit ejus memoria, multa tamen obliviscitur.*

3.° Avec un nom de choses qui se comptent, par *quotcumque* ou *quantùmvis multi*, *œ*, *a*. EX.

Quelques services que vous rendiez à un ingrat, vous ne lui en rendrez jamais assez,	*Quotcumque apud ingratum officia posueris, nunquam satis multa contuleris* (72).

4.° Avec un Adjectif ou un Adverbe, par *quamvis*, *quantùmvis*. EXEMPLE :

Quelque savant qu'il soit, il ignore cependant bien des choses,	*Quantùmvis sit doctus, multa tamen ignorat.*

5.° Avec un Verbe ou un Participe de prix ou d'estime, par *quanticumque*. EXEMPLE :

Quelque estimable que soit la science...,	*Quanticumque æstimanda sit scientia....*

1.er REM. *Quelque petit que* s'exprime par *quantuluscumque*, *quantulacumque*, *quantulumcumque*.

2.e REM. *Qui que ce soit qui* s'exprime par *quicumque*, *quilibet*; et si l'on ne parle que de deux, par *utercumque*, etc. Ex.

Qui que ce soit des deux partis qui remporte la victoire, nous périrons,	*Utracumque pars vicerit, tamen perituri sumus.*

MÉTHODE DES VERBES.

Verbes passifs françois qu'il faut tourner par l'actif.

RÈGLE 136. *Fortuna mihi* favet.

Quand un Verbe passif françois est neutre ou déponent en latin, il faut le tourner par l'actif, et pour cela on prend le régime pour faire le sujet, et le sujet pour faire le régime. EXEMPLES :

Je suis favorisé de la fortune, *tournez*, la fortune me favorise,	*Fortuna mihi favet.*
Il est admiré de tous, *tournez*, tous l'admirent,	*Eum omnes admirantur.*

REM. S'il n'y a point de régime dont on puisse faire le sujet, on met le Verbe à la troisième personne du pluriel, en sous-entendant *homines.* Ex.

Cicéron étoit admiré quand il parloit, *tournez*, les hommes admiroient Cicéron, quand.....	*Admirabantur Ciceronem quùm diceret.*

MÉTHODE DES PARTICIPES.

Participes qui se joignent en latin au régime.

RÈGLE 137. *Urbem* captam *hostis diripuit.*

Lorsqu'un Participe est joint à un Nom, et que ces deux mots se rapportent au régime du Verbe suivant, ils deviennent en latin le régime du Verbe. EX.

La ville ayant été prise, l'ennemi la pilla, *tournez*, l'ennemi pilla la ville prise,	*Urbem captam hostis diripuit.*

Les citoyens devant être passés au fil de l'épée, le vainqueur leur pardonna, *tournez*, le vainqueur pardonna aux citoyens devant être passés au fil de l'épée, — *Civibus ferro necandis victor pepercit.*

Mon père étant absent, je soignerai ses affaires, *tournez*, je soignerai les affaires de mon père absent, — *Patris absentis negotia curabo.*

Rem. On sous-entend souvent le Nom ou Pronom régime auquel se rapporte le Participe. Ex.

Cet homme devant mourrir, personne ne l'épargne, — *Nemo parcit morituro*, (on sous-entend *ei*).

Pendant qu'il regardoit, on lui apporta des lettres, *tournez*, on apporta des lettres à lui regardant, — *Spectanti allatæ sunt litteræ*, (on sous-entend *ei*).

Manière d'exprimer les Participes qui manquent en latin.

Règle 138. Quùm *Cicero* esset *consul*, etc.

On exprime les Participes qui manquent en latin, en se servant de *quùm* ou *postquàm* avec le Subjonctif, ou en employant l'Ablatif absolu. Exemples :

Participe présent du Verbe Sum.

Cicéron étant consul, la conjuration fut découverte ; *c.à d.* lorsque Cicéron étoit, OU sous Cicéron consul, — *Quùm Cicero esset consul*, OU *Cicerone consule*, *detecta fuit conjuratio.*

Participe passé du Verbe Sum.

Cicéron ayant été consul, fut envoyé en exil, *c'est-à-dire*, lorsque OU après que Cicéron eut été.... — *Quùm* OU *postquàm Cicero fuisset consul, in exilium actùs est.*

Participe passé des Verbes actifs.

Ayant lu le livre, il écrivit, *c'est-à-dire*, lorsqu'il eut lu le livre, OU le livre ayant été lu...,	*Quùm (postquàm) legisset librum*, OU *lecto libro, scripsit.*

Participe passé des Verbes neutres.

Ayant étudié sa leçon, il peut jouer, *c'est-à-dire*, comme il a étudié sa leçon...,	*Cùm lectioni studuerit, ludere potest.*
Ayant étudié sa leçon, il joua, *c.-à-d.*, lorsque, OU après qu'il eut étudie...,	*Quùm* OU *postquàm lectioni studuisset, lusit.*

Participe présent des Verbes passifs.

Etant aimé de son père, il obtiendra sa demande, *c'est-à-dire*, comme OU vu que il est aimé de...,	*Quùm à patre ametur, postulatum consequetur.*

1.re REM. Ce Participe s'exprime quelquefois par le Participe passé passif latin. Ex.

Étant prié de dire son avis,	*Rogatus sententiam.*

2.e REM. On dira d'après la Règle 136 :

Étant favorisé de Dieu, il vint à bout de son entreprise, *c'est-à-dire*, Dieu le favorisant, OU comme Dieu le favorisoit...,	*Deo favente* OU *quùm Deus ei faveret, consilium perfecit suum.*
Ayant été favorisé de Dieu,	*Quùm Deus ei favisset.*
Etant poursuivi des voleurs, il s'échappa, *c'est-à-dire*, des voleurs le poursuivant, OU comme des voleurs le poursuivoient...,	*Persequentibus latronibus,* OU *quùm latrones eum persequerentur, evasit.*

Ayant été poursuivi des voleurs,	*Quùm eum persecuti essent latrones.*

3.e Rem. Au lieu de *quùm*, signifiant *comme*, *vu que*, *puisque*, on peut employer *quandò*, *quandòquidem*, *quoniam*, avec l'Indicatif. Ex.

Étant un brave homme, vous ne nierez pas,	*Quandò vir bonus es, non negabis.*

AYANT AUTANT DE, ÉTANT AUSSI.

Règle 139. Pro *tuâ prudentiâ*, etc.

Ayant autant de, avec un Nom, se tourne,

1.° Par *eu égard à*, en latin *pro* avec l'Ablatif. Ex.

Ayant autant de prudence que vous en avez, *c'est-à-dire*, eu égard à votre prudence,	*Pro tuâ prudentiâ.*

2.° Par *tel est*, en latin *qui*, *quæ*, *quod...est*, etc. Ex.

Ayant autant de prudence que vous en avez, *c'est-à-dire*, telle est votre prudence,	*Quæ tua est prudentia.*

Rem. *Étant aussi*, suivi d'un Adjectif, se tourne par *ayant autant de* avec un Nom, et s'exprime de même. Ex.

Étant aussi prudent que vous l'êtes,	*Pro tuâ prudentiâ.* *Quæ tua est prudentia.*

MÉTHODE DES ADVERBES.

Que, Adverbe interrogatif.

Règle 140. Quid ou cur *moraris.*

Que, Adverbe interrogatif, se tourne par *pourquoi*, et s'exprime par *quid* ou *cur*. Mais s'il est suivi d'une négation, on l'exprime par *quin* ou *cur non*. Ex.

Que tardez-vous ? *Quid* OU *cur moraris?*
Que n'accourez-vous ici? *Quin* OU *cur non hùc advolas?*

REM. Si *que* signifie *combien*, il s'exprime comme ci-après. (Voyez les Adverbes de quantité).

Que, DE DESIR.

RÈGLE 141. Utinam *tecum loqui* possim.

Que, marquant le desir, s'exprime en latin par *utinam* avec le Subjonctif. EXEMPLE :

Que ne puis-je vous entretenir ! OU plaise à Dieu que je puisse..., *Utinam tecum loqui possim.*

Ne que.

RÈGLE 142. *Laus* soli *virtuti debetur.*

Ne que, signifiant *seul*, *seulement*, s'exprime par *solus*, *a*, *um*, ou par *solummodò*, *tantùmmodò*. EX.

La louange n'est due qu'à la vertu, *c'est-à-dire*, est due à la seule vertu, OU seulement à la vertu, *Laus soli virtuti debetur*, OU *laus virtuti solummodò debetur.*

RÈGLE 143. Nihil aliud *sumpsit* nisi *togam.*

Ne que, signifiant *rien autre chose que*, s'exprime par *nihil aliud...nisi*, ou *nihil aliud...quàm*. EX.

Il n'a pris que sa robe, *c'est-à-dire*, rien autre chose que sa robe, *Nihil aliud sumpsit nisi togam* (OU *quàm togam*).

Ne...que ne.

RÈGLE 144. *Sapiens nihil affirmat* quod non *probet.*

Après une négation, si *que* est relatif, il s'exprime par *qui*, *quæ*, *quod*, et le *ne* suivant s'exprime par *non*. EXEMPLE :

Le sage n'affirme rien qu'il ne prouve,	*Sapiens nihil affirmat quod non probet.*

REM. *Qui, quæ, quod*, entre deux négations, est toujours suivi du Subjonctif.

RÈGLE 145. *Non hinc proficiscar* quin, OU nisi, OU priusquàm *te viderim.*

Après une négation, si *que* est conjonction, *que ne* s'expriment par *quin*, *nisi* ou *priusquàm* avec le Subjonctif. EXEMPLE :

Je ne partirai pas d'ici que je ne vous aie vu, *c'est-à-dire*, si je ne vous ai vu, OU avant que je ne vous ai vu,	*Non hinc proficiscar quin te viderim,* OU *nisi*, OU *priusquàm te viderim.*

ADVERBES DE QUANTITÉ.

Les Adverbes de quantité s'expriment en latin de plusieurs manières, selon les différens mots auxquels ils sont joints.

RÈGLE 146. Quantùm *aquæ.*

Avec un Nom de chose qui ne se compte pas, ON EXPRIME :

1.	Que *ou* combien	PAR	*Quantùm* ou *quàm multùm.*
	Que *ou* combien peu . .		*Quàm parùm.*
2.	Tant, autant		*Tantùm* ou *tàm multùm.*
	Si, aussi peu		*Tàm parùm.*
3.	Beaucoup.		*Multùm.*
	Peu.		*Parùm.*
4.	Plus		*Plùs.*
	Moins.		*Minùs.*
5.	Le plus.		*Plurimùm.*
	Le moins		*Minimùm.*
6.	Assez.		*Satis multùm.*
	Assez peu.		*Satis parùm.*
7.	Trop.		*Nimis* ou *nimùm.*
	Trop peu		*Nimis parùm.* EXEMPLE :

Que OU combien d'eau,	*Quantùm aquæ,* »

RÈGLE 147. Quanta *doctrina*.

Avec un Nom de chose qui peut se dire grande,

ON EXPRIME :

1. Que *ou* combien	PAR	*Quantus*, *a*, *um*, ou *quam magnus*, *a*, *um*.
Que *ou* combien peu . .		*Quantulus*, *a*, *um*, ou *quàm parvus*, *a*, *um*.
2. Si, aussi grand.		*Tantus*, *a*, *um*, ou *tàm magnus*, *a*, *um*.
Si, aussi petit		*Tantulus*, *a*, *um*, ou *tàm parvus*, *a*, *um*.
3. Beaucoup.		*Magnus*, ou *multus*, *a*, *um*.
Peu.		*Parvus*, *a*, *um*.
4. Plus		*Major*, *us*.
Moins.		*Minor*, *us*.
5. Le plus.		*Maximus*, *a*, *um*.
Le moins		*Minimus*, *a*, *um*.
6. Assez.		*Satis magnus*, *a*, *um*.
Assez peu		*Satis parvus*, *a*, *um*.
7. Trop.		*Nimis magnus*, ou *nimius*.
Trop peu		*Nimis parvus*, *a*, *um*. Ex.

Que OU combien de science! *Quanta doctrina!* *c. à d.*, quelle grande science!

RÈGLE 148. Quot OU quàm multi *libri*.

Avec un Nom de choses qui se comptent,

ON EXPRIME :

1. Que *ou* combien	PAR	*Quot* ou *quàm multi*, *æ*, *a*.
Que *ou* combien peu . .		*Quàm pauci*, *æ*, *a*.
2. Tant, autant.		*Tot* ou *tàm multi*, *æ*, *a*.
Si, aussi peu.		*Tàm pauci*, *æ*, *a*.
3. Beaucoup.		*Multi*, *æ*, *a*.
Peu.		*Pauci*, *æ*, *a*.
4. Plus		*Plures*, *a*.
Moins.		*Pauciores*, *a*.
5. Le plus.		*Plurimi*, *æ*, *a*.
Le moins		*Paucissimi*, *æ*, *a*.
6. Assez.		*Satis multi*, *æ*, *a*.
Assez peu		*Satis pauci*, *æ*, *a*.
7. Trop.		*Nimis multi*, *æ*, *a*.
Trop peu.		*Nimis pauci*, *æ*. *a*. Ex.

Que OU combien de livres, *Quot* OU *quàm multi libri*.

REM. *Quot* et *tot* ne s'emploient que devant un Nom exprimé.

RÈGLE 149. Quàm OU ut *modestus est !*

Avec un Adjectif ou un Adverbe, ON EXPRIME :

1.	Que *ou* combien	PAR	*Quàm* ou *ut.*
	Que *ou* combien peu . .		*Quàm parùm.*
2.	Tant, autant.		*Tàm, adeo, ità.*
	Si, aussi peu.		*Tàm parùm.*
3.	Beaucoup.		*Multùm, valdè* ou un Superlatif.
	Peu.		*Parùm.*
4.	Plus		*Magis*, ou un Comparatif.
	Moins.		*Minùs.*
5.	Le plus.		*Maximè*, ou un Superlatif.
	Le moins		*Minimè.*
6.	Assez.		*Satis.*
7.	Trop.		*Nimis.* Ex:

Que OU combien il est modeste !	*Quàm* OU *ut modestus est !*

REM. *Si grand, aussi grand*, s'expriment par *tantus, a, um ; si petit, aussi petit*, s'expriment par *tantulus, a, um.*

RÈGLE 150. Quantò *doctior est !*

Avec un Comparatif ou un Verbe d'excellence, et devant *ante* et *post* ; ON EXPRIME :

1.	Que *ou* combien	PAR	*Quantò, quò.*
	Si, aussi, tant, autant. .		*Tantò, eò.*
2.	Beaucoup.		*Multò, longè.*
	Peu, un peu.		*Paulò, aliquantò.*
	Trop, de la moitié . . .		*Nimiò, dimidiò.* Ex.

Que OU combien est-il plus savant !	*Quantò doctior est !*
Vous l'emportez autant sur les autres,	*Tantò præstas aliis* (16).
Un peu auparavant,	*Paulò antè.*

RÈGLE 151. Quàm OU quantùm *amatur !*

Avec un Verbe ordinaire, ON EXPRIME :

1.	Que *ou* combien	PAR	*Quàm, quantùm, ut.*
2.	Tant, autant, si, aussi. .		*Tàm, tantùm.*
3.	Beaucoup.		*Multùm, valdè, plurimùm.*
	Peu.		*Parùm.*
4.	Plus		*Plùs, ampliùs, magis.*
	Moins.		*Minùs.*

5. Le plus. . . . . *Maximè, plurimùm.*
Le moins . . . . *Minimè.*
6. Assez. . . . . *Satis.*
7. Trop. . . . . *Nimis, nimiò plùs, plùs æquo.* Ex.

Que OU combien il est aimé, *Quàm* OU *quantùm amatur.*

REM. Devant *odisse* et *fugere*, on met *pejùs* au lieu de *plùs*. Ex.

Je le haïssois plus, *Eum pejùs oderam.*

RÈGLE 152. Quanti *æstimatur.*

Avec un Verbe de prix ou d'estime, ON EXPRIME :

1. Que *ou* combien . . . . PAR *Quanti* ou *quàm magni.*
Que *ou* combien peu . . *Quàm parvi.*
2. Tant, autant, si, aussi. . *Tanti* ou *tàm magni.*
Si, aussi peu. . . . . . *Tàm parvi.*
3. Beaucoup. . . . . . . *Magni.*
Peu. . . . . *Parvi.*
4. Plus . . . . *Pluris.*
Moins. . . . . *Minoris.*
5. Le plus. . . . . *Plurimi, maximi.*
Le moins . . . . *Minimi.*
6. Assez. . . . . *Satis magni.*
Assez peu. . . . . . . *Satis parvi.*
7. Trop. . . . . *Nimiò pluris.*
Trop peu. . . . . . . *Nimiò minoris.* Ex.

Que OU combien il est estimé, *Quanti æstimatur.*

REM. Avec *refert* et *interest*, la quantité s'exprime comme ci-dessus, mais *plus*, *moins*, *trop*, s'expriment par *magis*, *minùs*, *nimis*. Ex.

Il m'importe beaucoup, *Meâ magni refert.*
Il vous importe plus, *Tuâ magis refert.*

AUTANT...QUE, AUSSI...QUE.

RÈGLE 153. Tantùm *modestiæ*, quantùm *doctrinæ*.

Autant...que, *aussi...que*, s'expriment par *tantùm quantùm*, *tantus quantus*, *tot quot*, *tàm quàm*, *tantò quantò*, *tanti quanti*, selon le mot qui suit.

EXEMPLES :

Autant de modestie que de science,	*Tantùm modestiæ*, *quantùm doctrinæ* (146), OU *Tanta modestia*, *quanta doctrina* (147).
Autant de fruits que de fleurs,	*Tot fructus quot flores* (148).
Il est aussi brave que prudent,	*Tàm fortis est quàm prudens* (150).
Je vous aime autant que vous m'aimez,	*Tantùm te amo quantùm me amas* (151).
Je vous estime autant que vous m'estimez,	*Tanti te facio quanti me facis* (152).

1.re REM. Quand la comparaison a lieu entre le *plus* et le *moins*, *autant* et *que* s'expriment par deux mots. Ex.

Il vous importe autant qu'il m'importe peu,	*Tuà tàm magni refert quàm parvi meà.*

2.e REM. *Autant que*, au commencement d'une phrase, s'expriment par *quantùm*. Ex.

Autant que je puis prévoir,	*Quantùm prævidere possum.*

3.e REM. *Autant*, à la fin d'une phrase, s'exprime, selon le mot auquel il se rapporte, par *tantùmdem*, *totidem*, *item*, *tantùmdem*, *tantidem*. Ex.

Vous avez beaucoup de loisir, je n'en ai pas autant,	*Habes multùm otii*, *non habeo tantùmdem* (146).
J'ai beaucoup de livres, vous n'en avez pas autant,	*Sunt mihi libri benè multi*, *non sunt tibi totidem* (148).

REGLE 154. Quantùm *doctrinæ*, tantùm *modestiæ*.

Autant répété s'exprime comme *autant que*, mais la phrase est renversée, le second membre se mettant le premier. EXEMPLES :

Autant de science, autant de modestie, *c. à d.*, autant de science que de modestie,	*Quantùm doctrinæ, tantùm modestiæ*, OU *quanta doctrina, tanta modestia.*
Autant de fleurs, autant de fruits,	*Quot flores, tot fructus.*
Autant il est prudent, autant il est brave,	*Quàm prudens, tàm fortis est.*
Autant la politesse plaît, autant la grossièreté déplaît.	*Quàm delectat urbanitas, tàm offendit rusticitas.*

Si...que, tant...que.

RÈGLE 155. Tanta *est Dei bonitas* ut *nos* amet.

Quand le *que*, après *si*, *tant*, marque l'effet, il s'exprime par *ut* avec le Subjonctif. EXEMPLES :

La bonté de Dieu est si grande qu'il nous aime,	*Tanta est Dei bonitas ut nos amet.*
Cette étoile est si petite qu'on ne peut la voir,	*Tantula est hæc stella ut perspici non queat* (117).
Il a reçu tant de coups qu'il en est mort,	*Tot plagas accepit ut mortuus sit.*
Il est si estimé que...	*Tanti fit ut...*

REM. *Non pas tant pour...que pour,* s'expriment par *non tàm ut...quàm ut...*, avec le Subjonctif. Ex.

Je vous écris non pas tant pour vous louer, que pour vous féliciter.	*Ad te scribo non tàm ut te laudem, quàm ut tibi gratuler.*

Assez...pour, assez peu...pour.

RÈGLE. 156. *Est-ne tibi* tantùm *otii ut etiam fabulas* legas.

Assez...pour... se tournent par *tant que...si que*, et s'expriment selon la règle précédente. EXEMPLES :

Avez-vous assez de loisir pour lire même des fables, *tournez*, avez-vous tant de loisir que vous lisiez...;	*Est-ne tibi tantùm otii ut etiam fabulas legas.*

Je ne suis pas assez insolent pour me croire roi, *tournez*, si insolent que je me croie...	*Non sum tàm insolens ut regem esse me putem.*
Il n'est pas assez estimé pour que je me fie à lui, *tournez*, si estimé que je me fie à lui.	*Non tanti fit ut ei confidam.*

Assez peu...pour, se tournent par *si peu...que*, et s'expriment selon la règle précédente. Exemple :

J'ai assez peu d'ambition pour mépriser les honneurs, *tournez*, j'ai si peu d'ambition que je...	*Inest in me tàm parùm ambitionis ut honores despiciam.*

D'autant plus...que, d'autant moins...que.

Règle 157. Eò *modestior est* quò *doctior*.

D'autant, devant un Comparatif, s'exprime par *eò* ou *tantò*, et le *que* suivant par *quò* ou *quantò*, s'il suit un Comparatif. Exemples :

Il est d'autant plus modeste qu'il est savant, *c'est-à-dire*, il est plus modeste par cela queil est plus savant.	*Eò modestior est quò doctior*, ou *tantò modestior est quantò doctior.*
Il est d'autant moins estimé qu'il est plus arrogant.	*Eò minoris fit, quò superbior est.*

Si *que* n'est pas suivi d'un Comparatif, on l'exprime par *quòd*. Exemple :

Cela a paru d'autant plus surprenant, qu'on ne s'y attendoit pas,	*Id eò mirabilius visum est, quòd à nemine expectabatur.*

Règle 158. Quò *doctior*, eò *modestior est.*

Plus ou *moins*, répété, s'exprime comme *d'autant plus que*, ou *d'autant moins que*, mais la phrase est renversée. Exemples :

Plus il est savant, plus il est modeste, *c'est-à-dire*, il est d'autant plus modeste qu'il est plus savant,	*Quò doctior eò modestior est*, OU *quantò doctior, tantò modestior est.*
Plus on est vicieux, plus on est malheureux, *c. à d.*, quelqu'un est d'autant plus vicieux, qu'il est plus...,	*Quò quis vitiosior, eò miserior est* (121).
Plus une chose est difficile, plus il faut y apporter de soin,	*Quò quid difficilius est, eò major ad id adhibenda est cura.*

NOTA. En renversant la phrase, le Sujet se place au premier membre, et se repète au second membre par un Pronom.

Plus...que, moins...que.

RÈGLE 159. *Plùs* fortitudinis *quàm* prudentiæ.

Que, après un Comparatif, s'exprime par *quàm*. EX.

Plus de force que de prudence,	*Plùs fortitudinis quam prudentiæ* (12).
Plus de villes que de bourgs,	*Plures urbes quàm vici*,
Il est moins estimé que vous,	*Minoris estimatur quàm tu*, (on s.-ent. *æstimaris*).

Trop...pour, trop peu...pour.

RÈGLE 160. Plùs *veneni hausit* quàm ut *sanitati* restituatur.

Trop...pour se tournent par *plus qu'(il ne faut) pour*, et s'expriment par le Comparatif suivi de *quàm ut* avec le Subjonctif. EXEMPLES :

Il a avalé trop de poison pour recouvrer la santé, *c. à d.* plus de poison qu'(il ne faut) pour recouvrer...,	*Plùs veneni hausit quàm ut* OU *quàm qui* (82) *sanitati restituatur.*
Il à commis trop de crimes pour que les juges aient pitié de lui,	*Plura admisit scelera quàm ut illius* OU *quàm cujus*(82) *judices misereat*,

Je suis trop élevé pour que la fortune puisse me nuire,	*Major sum quàm ut fortuna mihi nocere possit.*
Je vous estime trop pour vous mépriser,	*Pluris te facio quàm ut te vituperem.*

Trop peu...pour se tournent par *moins qu'(il ne faut) pour*, et s'expriment par *minùs*, *pauciores*, *minoris*, suivis de *quam ut* avec le Subjonctif. Ex.

Il a trop peu d'esprit pour conduire cette affaire, *t.*, il a moins d'esprit qu'(il ne faut) pour qu'il conduise...,	*Minùs habet ingenii quàm ut rem gerat.*
Il avoit trop peu de soldats pour vaincre,	*Pauciores habebat milites quàm ut vinceret.*
Il étoit trop peu estimé pour que je me fiasse à lui,	*Minoris æstimabatur quàm ut ei confiderem.*

Le plus...que, le moins...que.

Règle 161. *Adhibuit* quàm plurimùm *potuit diligentiæ.*

Que Adverbe, après *le plus*, *le moins*, s'exprime par *quàm*, qui se place avant le Superlatif. Ex.

Il a employé le plus de diligence qu'il a pu,	*Adhibuit quàm plurimùm potuit diligentiæ.*
Il a lu le plus de livres qu'il a pu,	*Quàm plurimos potuit libros legit.*

Que relatif, après *le plus*, *le moins*, s'exprime par *qui*, *quæ*, *quod*. Exemple :

Il est le plus savant que je connoisse, *c'est-à-dire*, de tous ceux que je...,	*Est omnium quos noverim doctissimus.*

1.re Rem. On augmente la force du Superlatif, en le faisant précéder de *quàm*, *multò*, *longè*. Ex.

Soyez très-indulgent,	*Esto quàm facillimus.*

2.e REM. Avec un Superlatif Adjectif on exprime le mot *gens* par *quisque*, employé au singulier. Ex.

Les plus honnêtes gens le favorisent,	*Optimus quisque ei favet*,

NOTA. Le Superlatif prend quelquefois le régime *omnium*. Ex. L'enfant que j'estime le plus ; *puer quem plurimi omnium facio*.

Comme...de même.

RÈGLE 162. Ut *ignis aurum probat*, ità *miseria fortes viros*.

Comme...de même, marquant une Comparaison, s'expriment par *ut...ità* ou *quemadmodùm...sic*. Ex.

Comme le feu éprouve l'or, de même l'adversité éprouve les hommes courageux,	*Ut ignis aurum probat, ità miseria fortes viros*, OU *quemadmodùm ignis aurum probat*, *sic*, etc.

REM. *Ut...ità* s'emploient avec le Superlatif. Ex.

Plus on est vicieux, plus on est malheureux, (158)	*Ut quisque vitiosissimus, ità miserrimus est.*

Tant...que...non-seulement, mais encore.

RÈGLE 163. *Philosophi* cùm *veteres*, tùm *recentiores*.

Tant...que, signifiant *non-seulement*, *mais encore*, s'expriment par *cùm*, *tùm*, ou par *tùm* répété. Ex.

Les philosophes tant anciens que modernes, *c. à d.*, non-seulement les anciens philosophes, mais encore les modernes,	*Philosophi cùm veteres, tùm recentiores*, OU *tùm veteres, tùm recentiores.*

NOTA. A la place de *cùm*, *tùm*, on peut employer *et* répété; *non solùm*, *sed etiam*, etc.

REM. *Tant que*, signifiant *tandis que*, *tant de temps que*, s'exprime par *donec*, *dùm*, *quandiu*. Ex.

Tant que vous serez heureux, vous compterez beaucoup d'amis,	*Donec eris* OU *dùm eris felix*, *multos numerabis amicos.*
Tant qu'il a vécu,	*Quandiù vixit.*

A peine...que, aussitôt...que.

RÈGLE 164. Vix *advenit* quùm *in morbum incidit.*

A peine.....que s'expriment par *vix.....quùm* avec l'Indicatif. *Aussitôt que* OU *ne pas plutôt que* s'expriment par *statim ut*. EXEMPLES :

A peine fut-il arrivé qu'il tomba malade,	*Vix advenit quùm in morbum incidit* (67).
Aussitôt qu'il fut arrivé,	*Statim ut advenit.*

Plutôt que, plutôt que de.

RÈGLE 165. Maturiùs *solitò surrexit.*

Si *plutôt* signifie *de meilleure heure*, il s'exprime par *maturiùs ;* s'il signifie *plus vîte*, il s'exprime par *citiùs ;* le *que* suivant s'exprime par *quàm* ou par l'Ablatif. EX.

Il s'est levé plutôt qu'à l'ordinaire,	*Maturiùs solitò surrexit*, (*solitò* pour *quàm solet*).
Il est arrivé plutôt qu'on ne pensoit,	*Citiùs venit quàm putabant* (119), OU *citiùs cogitatione venit* (12).

RÈGLE 166. *Depugna* potiùs quàm *servias.*

Plutôt que de... s'expriment par *potiùsquàm* avec le Subjonctif. EXEMPLE :

Combattez plutôt que de devenir esclave,	*Depugna potiùs quàm servias.*

NOTA. Après *potiùsquàm*, *priùsquàm*, *antequàm*, on met le Subjonctif.

MÉTHODE DES PRÉPOSITIONS.

De, partitif.

RÈGLE 167. Ex omnibus vitiis *nullum est majus superbiâ.*

De partitif, au commencement d'une phrase, s'exprime selon la Règle 13. EXEMPLE :

De tous les vices, il n'en est pas de plus grand que l'orgueil, *c. à d.* aucun de tous les vices n'est...,	*Ex omnibus vitiis nullum est majus superbiâ.*

De, suivi d'un Infinitif.

RÈGLE 168. *Pergratum mihi feceris*, si *ad eum* scripseris.

Quand *de* suivi d'un Infinitif peut se tourner par *si*, on l'exprime en latin par *si*. EXEMPLE :

Vous me ferez plaisir de lui écrire, *tournez*, si vous lui écrivez,	*Pergratum mihi feceris, si ad eum scripseris* (72).

RÈGLE 169. *O te infelicem* qui *ultrò ad mortem* cucurreris.

Quand *de*, suivi d'un Infinitif, peut se tourner par *moi qui*, *vous qui*, etc., on l'exprime par *qui*, *quæ*, *quod*, avec le Subjonctif. EXEMPLE :

Que vous êtes malheureux d'avoir couru de vous-même à la mort, *c'est-à-dire*, vous qui avez couru...	*O te infelicem qui ultrò ad mortem cucurreris.*

Les autres manières d'exprimer *de*, suivi d'un Infinitif, se trouvent aux Règles 2, 40, 42, 81, 82, 83, 84, 86.

A suivi d'un Infinitif.

RÈGLE 170. *Consumit tempus* legendo, etc.

Quand *a*, suivi d'un Infinitif, répond à la question *ubi*, il s'exprime par le Géroudif en *do*. Ex.

Il passe son temps à lire, *tournez*, en lisant,	*Consumit tempus legendo* (60).
— A lire l'histoire,	— *Legendo historiam*, OU *in legendâ historiâ* (15).

RÈGLE 171. *Quem* si *loquentem* audias, *dicas*.

Quand *à*, suivi d'un Infinitif, peut se tourner par *si*, on l'exprime en latin par *si*. EXEMPLE :

A l'entendre parler vous diriez, *tournez*, si vous l'entendiez parler...,	*Quem si loquentem audias*, *dicas*.

NOTE. Le présent du Subjonctif s'emploie souvent pour l'imparfait.

RÈGLE 172. Ut *verum* dicam. Ne mentiar.

Quand *à*, suivi d'un Infinitif, peut se tourner par *pour*, on l'exprime par *ut*, et s'il suit une négation par *ne* avec le Subjonctif. EXEMPLES :

A dire vrai OU pour dire vrai,	*Ut verum dicam* (74).
A ne pas OU pour ne pas mentir,	*Ne mentiar* (74).

Etre homme à, femme à.

RÈGLE 173. *Non* is *sum* qui *pedem* referam.

Être homme à, femme à se tournent par *tel* ou *telle que*, et s'expriment de même. EXEMPLES :

Je ne suis pas homme à reculer, *c. à d.*, tel que je...,	*Non is sum ut* OU *qui* (82) *pedem referam* (125),

Votre mère n'est pas femme à mal élever ses enfans,	*Non ea est tua mater quæ liberos suos malè instituat.*

Les autres manières d'exprimer *à*, suivi d'un Infinitif, se trouvent aux Règles 8, 11, 22, 40, 47.

Pour, devant un Nom.

Pour, devant un Nom, s'exprime de différentes manières. EXEMPLES :

174. Mon zèle pour vous OU envers vous,	*Meum in te (acc.)*, OU *ergà te studium.*
175. L'amour pour (ou de) la liberté nous est naturel,	*Amor libertatis nobis est innatus.*
176. Pour OU au lieu d'une épée il prit un bâton,	*Pro gladio* OU *loco gladii fustem sumpsit.*
177. Je l'aime pour OU à cause de sa modestie,	*Illum propter*, OU *ob modestiam amo.*
178. Je ferai cela pour lui OU à cause de lui,	*Id illius causâ*, OU *illius gratiâ faciam*,
— pour vous,	— *tuâ causâ* (36).
179. Employez tous vos soins pour OU sur votre santé,	*Omnem curam in valetudinem confer.*
180. Il est assez savant pour son âge, *c'est-à-dire*, eu égard à son âge,	*Pro ætate satis est eruditus.*

RÈGLE 181. *Ego* verò *sum paratus.*

Si *pour* peut se tourner par *mais*, il s'exprime par *verò*, qui se place après le Pronom. EXEMPLE :

Pour moi je suis prêt, *c. à d.*, mais moi je suis...,	*Ego verò sum paratus.*

RÈGLE 182. Vitæ tuæ *metuebam.*

Pour, signifiant *à l'avantage de*, OU *au désavantage de*, se rend en latin par le Datif. EXEMPLES :

Je craignois pour votre vie,	*Vitæ tuæ metuebam.*

Demander grace pour quelqu'un,	*Veniam alicui petere.*

Pour, devant un Infinitif.

RÈGLE 183. *Surrexit* ad respondendum.

Pour, devant un Infinitif, s'exprime de quatre manières ; 1.° par *ad* avec le Gérondif en *dum ;* 2.° par *ut* avec le Subjonctif ; 3.° par *causâ* ou *gratiâ* avec le Gérondif en *di ;* 4.° par le Participe futur. EX.

Il se leva pour répondre,	*Surrexit ad respondendum.*
c. à d. afin qu'il répondît,	— *ut responderet* (74).
— pour cause de répondre,	— *respondendi gratiâ* (2).
— devant répondre,	— *responsurus* (4).

REM. *Pour* s'exprime encore par les remplaçans de *ut*. Ex.

Reposez-vous pour mieux travailler,	*Otiare quò meliùs labores* (74).
Pour ne pas vous ennuier,	*Ne vobis tædium afferam.*
Il envoya quelqu'un pour m'avertir,	*Misit hominem qui me moneret* (82).
Il m'a donné des livres pour lire,	*Dedit mihi libros legendos* (74).

RÈGLE 184. Quamvis *improbos salutaverim, non continuò sum improbus.*

Pour, devant le parfait de l'Infinitif, se tourne par *quoique* ou *parce que*, et s'exprime par *quamvis*, ou *quia*, etc. EXEMPLE :

Pour avoir salué des méchans, je ne suis pas pour cela méchant, *tournez*, quoique j'aie salué, OU parce que j'ai salué...,	*Quamvis improbos salutaverim, non continuò sum improbus.* OU *quia improbos salutavi, etc.*

Pour peu que.

RÈGLE 185. Si vel minimùm *cogitare volueris*, etc.

Pour peu que se tournent par *si le moins*, et s'expriment par *si vel minimùm*, *minimè*, etc., selon le mot suivant. EXEMPLE :

Pour peu que vous vouliez réfléchir, vous comprendrez la chose,	*Si vel minimùm cogitare volueris, rem percipies.*

Sans, devant un Infinitif.

RÈGLE 186. *Exiit*, nec *foras clausit.*

Si l'on peut tourner *sans* par *et ne pas*, on l'exprime par *nec*. EXEMPLE :

Il est sorti sans fermer la porte, *tournez*, et il n'a pas fermé la porte,	*Exiit, nec foras clausit.*

RÈGLE 187. *Nemo fit doctus*, quin OU nisi *multa legat.*

Si l'on peut tourner *sans* par *que ne*, on l'exprime par *quin* ou *nisi*, ou *priusquàm* avec le Subjonctif. EX.

Personne ne devient savant, qui peut devenir savant sans lire beaucoup, *tournez*, qu'il ne lise beaucoup, OU s'il ne lit, OU avant qu'il ne lise...,	*Nemo fit doctus, quis potest doctus fieri, quin multa legat* (83), OU *nisi multa legat*(196), OU *priusquàm multa legat* (145).

Autres manières d'exprimer Sans *devant un Infinitif.*

188. Par un Nom dérivé du Verbe :

Sans pleurer, sans craindre,	*Sine lacrymis, sine metu.*

189. Par un Adjectif :

Passer la nuit sans dormir,	*Noctem insomnem ducere.*
Sans blesser sa conscience,	*Salvâ fide.*
Sans se plaindre,	*Æquo animo.*

190. Par un Adverbe :

Sans faire semblant de rien,	*Dissimulanter.*
Sans y penser,	*Temerè, imprudenter.*

191. Par un Participe en Ablatif absolu :

Vous comprenez cela sans que je vous le dise,	*Id etiam me tacente intelligis* (48).
Sans rire,	*Remoto joco.*
Sans tarder,	*Nullâ interpositâ morâ.*

Après, suivi d'un Nom.

RÈGLE 192. *Sub eas litteras*, recitatæ sunt tuæ.

Après, signifiant *immédiatement après*, se rend par *sub* avec l'Accusatif. EXEMPLE :

Après cette lettre, on lut la vôtre,	*Sub eas litteras, recitatæ sunt tuæ* (117).

RÈGLE 193. Secundùm *Ciceronem* OU à *Cicerone est oratorum facilè princeps.*

Quand *après* marque la seconde place, le second rang, on l'exprime par *secundùm* avec l'Accusatif, ou par *à* ou *ab* avec l'Ablatif. EXEMPLE :

Après Cicéron, il est, sans contredit, le premier des orateurs,	*Secundùm Ciceronem*, OU *à Cicerone, est oratorum facilè princeps.*

Après, suivi de l'Infinitif.

RÈGLE 194. Postquàm *legi, scribo.*

Après, suivi du parfait de l'Infinitif actif, se tourne par *après que*, et s'exprime par *postquàm ;* et le Verbe se met à différens temps de l'Indicatif, de cette manière :

Après avoir lu, j'écris, *t.*, après que j'ai lu, j'écris,	*Postquàm legi, scribo.*
Après avoir lu, j'écrivois, *t.*, après que j'avois lu...,	*Postquàm legeram, scribebam.*

Après avoir lu, j'ai écrit, *t.*, après que j'eus lu...,	*Postquàm legi, scripsi,*
Après avoir lu, j'écrirai, *t.*, après que j'aurai lu...,	*Postquàm legero, scribam.*

NOTA. *Après avoir* s'exprime aussi selon les Règles 137 et 138. Ex. Après avoir pris la ville, l'ennemi la pilla; *Urbem captam hostis diripuit*, etc.

Avant de, suivi d'un Infinitif.

RÈGLE 195. *Lego, legam* antequàm *scribam.*

Avant de, suivi d'un Infinitif, se tournent par *avant que*, et s'expriment par *antequàm, priusquam*, avec le Subjonctif. EXEMPLES :

Je lis Je lirai	avant d'écrire, *c. à d.*, avant que j'écrive,	*Lego* *Legam*	*antequàm scribam* (91).
Je lisois J'ai lu J'avois lu	avant d'écrire, *c. à d.*, avant que j'écrivisse,	*Legebam* *Legi* *Legeram*	*antequàm scriberem* (92).

MÉTHODE DES CONJONCTIONS.

Si, CONDITIONNEL.

RÈGLE 196. *Id* si *faceres.*

Si, au commencement d'une phrase, se rend par *si*. EXEMPLE :

Si vous le faisiez, *Id si faceres* (72),

1.re REM. Quand *si* est suivi de *ne*, il se rend par *nisi*. Ex.

Si vous ne prenez garde, *Nisi caveas*,

2.e REM. Quand *si* est suivi de *ne pas, ne point*, on emploie *si non* ou *sin minùs*; et ces mots *au moins, du moins*, s'expriment par *saltem, at certè*. Ex.

Si vous ne craignez pas les hommes, au moins craignez Dieu,	*Si non homines, at certè Deum time.*

3.ᵉ Rem. On exprime :

Que si, ...	PAR	*Quòd si.*
Mais si, ...		*Sin, sin autem.*
Si au contraire, ...		*Sin aliter.*
Si cela n'était pas, ...		*Sin minùs.*
Si ce n'est que, à moins que,		*Nisi, nisi fortè, nisi verò, nisi si.*

Si, Dubitatif.

Règle 197. *Nescio* an *legat.*

Si, placé entre deux Verbes, s'exprime par *an, nùm, ne*, ou *utrùm*. Exemple :

Je ne sais s'il lit,	*Nescio an legat* (88).

LOCUTIONS FRANÇOISES.

C'est..qui, c'est..que; ce sont..qui, ce sont..que.

Règle 198. Ipse *locutus est.*

C'est...qui, c'est...que; ce sont...qui, ce sont...que; ne s'expriment pas dans les phrases semblables à celles-ci :

C'est lui qui a parlé, *l.*, lui-même a parlé,	*Ipse locutus est.*
C'est vous-même que je cherche,	*Te ipsum quœro.*
C'est ainsi qu'il agit,	*Sic agit.*
C'est une vilaine passion que l'avarice,	*Avaritia est vitium pessimum.*
Ce furent les Romains qui bâtirent cette ville,	*Hanc urbem condiderunt Romani.*

Rem. *Est-ce...qui, est-ce...que; sont-ce...qui, sont-ce...que*, ne s'expriment pas non plus. Mais on met en tête de la phrase une des Conjonctions interrogatives *an, nùm, ne, utrùm.* Ex.

Est-ce lui qui a parlé ?	*An ipse locutus est ?*
Est-ce ainsi qu'il agit ?	*Siccine agit ?* (100)

Ce n'est pas que... mais c'est que...

RÈGLE 199. Non quòd *approbem*, sed quòd.

Ce n'est pas que se rend en latin par *non quòd*, mais *c'est que* se rend par *sed quòd*. EXEMPLE :

Ce n'est pas que j'approuve, mais c'est que...,	*Non quòd approbem, sed quòd.*

1.re REM. S'il suit un Comparatif, on met *quò* au lieu de *quòd*. Ex.

Ce n'est pas que l'un me soit plus cher que l'autre,	*Non quò mihi sit alter altero carior.*

2.e REM. S'il suit une négation, on met *quin* au lieu de *quòd*. Ex.

Ce n'est pas que je ne pense que vous soyez prudent,	*Non quin existimem te esse prudentem.*

Ce qui, ce que...c'est.

RÈGLE 200. *Valetudo patris me potissimùm sollicitat.*

Ce qui, ce que, suivis de *c'est* et d'un Nom, ne s'expriment pas. EXEMPLE :

Ce qui me chagrine le plus, c'est la mauvaise santé de mon père, *tournez*, la mauvaise santé de mon père me chagrine le plus,	*Valetudo patris me potissimùm sollicitat.*

Ce qui, ce que...c'est que.

RÈGLE 201. Illud *spero me futurum immortalem.*

Ce qui, ce que, se tourne par *ceci, cela; c'est que*, se tourne par *que, si*, etc., que l'on exprime selon les règles des Verbes subordonnés. EXEMPLES :

Ce que j'espère, c'est que je vivrai éternellement, *t.*, j'espère cela, que je serai immortel, *Illud spero me futurum esse immortalem* (75).

Ce que je crains, c'est qu'il ne vienne, *tournez*, je crains cela, qu'il ne vienne, *Illud vereor ne veniat* (85).

Ce dont je doute, c'est qu'il se porte bien. *tournez*, je doute de cela, s'il se..., *Illud dubito an valeat* (88).

Ce qui me console, c'est qu'il m'a écrit, *t.*, cela me console, qu'il m'ait écrit, *Illud me consolatur quòd ad me scripserit* (86).

1.re REM. *C'est que* ne s'exprime pas, quand le Verbe suivant n'est pas subordonné. EX.

Ce qui est plus déplorable, c'est qu'il mourut, *Quod est funestius, vitam amisit.*

2.e REM. *Ce qui, c'est que*, s'expriment quelquefois comme dans cette phrase :

Ce qui m'afflige le plus, c'est que vous méprisez mes conseils, *Quod me acerbiùs urit, illud est quòd aspernaris consilia mea.*

C'est...que de.

RÈGLE 202. *Errat* qui *putat.*

C'est, devant un Infinitif, suivi de *que de*, se tourne par *celui qui*, en latin, *ille qui*, ou simplement *qui*.

EXEMPLE :

C'est se tromper que de croire..., *tournez*, celui-là se trompe qui croit..., *Errat qui putat...*

C'est régner que de servir Dieu, *Regnat qui Deo servit.*

NOTA. On peut dire aussi ; *Servire Deo, id demùm regnare est.*

Au lieu de, suivi d'un Infinitif.

RÈGLE 203. Quùm *legere* deberet, *ludit*.

Au lieu de, suivi d'un Infinitif, se tourne, selon le sens, par *lorsque je devrois*, *tu devrois*, etc., ou *lorsque je pourrois*, *tu pourrois*, etc. EXEMPLES :

Au lieu de lire, il joue, *tournez*, lorsqu'il devroit lire, il joue,	*Quùm legere deberet, ludit.*
Au lieu de jouer, il lit, *tournez*, lorsqu'il pourroit jouer, il lit.	*Quùm posset ludere, legit.*

RÈGLE 204. *Lege*, *non* autem *nugare*.

Si *au lieu* peut se tourner par *mais*, on l'exprime par *autem* ou *verò*, qui se placent toujours après un mot. EXEMPLES :

Lisez au lieu de badiner, *t.*, mais ne badinez pas,	*Lege, non autem nugare.*
Il lit, au lieu que vous badinez, *tourn.*, mais vous, vous badinez,	*Legit, tu verò nugaris.*

Bien loin de, suivi d'un Infinitif.

RÈGLE 205. *Vix me aspicit*, nedùm *me amet*.

Bien loin de, suivi d'un Infinitif, s'exprime par *nedùm* avec le Subjonctif, qu'on place au second membre de la phrase. EXEMPLE :

Bien loin de m'aimer, il me regarde à peine, *tour.*, il me regarde à peine, bien loin qu'il m'aime,	*Vix me aspicit, nedùm me amet.*

RÈGLE 206. *Il s'en faut beaucoup que..., être bien éloigné de...*, en latin, *multùm abest ut;*
Tant s'en faut que..., être si éloigné de..., en latin, *tantùm abest ut.* EXEMPLES :

Il s'en faut beaucoup que vous surpassiez vos condisciples,	*Multùm abest ut tuos superes condiscipulos.*
Tant s'en faut qu'il m'aime, qu'au contraire il me regarde à peine,	*Tantùm abest ut me amet; ut contrà vix me aspiciat* (155).

Aller, devoir, il faut, suivis d'un Infinitif.

RÈGLE 207. *Mox* profecturus sum.

Aller, devoir, il faut, suivis d'un Infinitif, s'expriment par l'Obligatif de cet Infinitif. EX.

Je vais ou je dois partir bientôt,	*Mox profecturus sum.*
La ville doit être pillée demain,	*Urbs cras diripienda est.*
Il faut réprimer ses passions, *tournez*, les passions doivent être réprimées,	*Comprimendæ sunt libidines.*

RÊGLE 208. Serviendum est *Deo.*

Si le Verbe n'a point d'Obligatif passif, on se sert de l'Obligatif gérondif. EXEMPLES :

Il faut servir Dieu,	*Serviendum est Deo* (16).
On doit se servir de livres,	*Utendum est libris* (18).

REM. On peut aussi employer les Verbes *debere, oportet.* Ex.

L'enfant doit obéir,	*Puer debet obedire.*
Il faut obéir aux lois,	*Oportet obedire legibus.*

Faut-il que...!

RÈGLE 209. *Me-ne ità miserum esse!*

Cette exclamation *faut-il que*, ne s'exprime pas, on met seulement le Verbe suivant à l'Infinitif. EX.

Faut-il que je sois si malheureux!	*Me-ne ità miserum esse* (75), (on s.-ent. *oportet*)

Être près ou *sur le point de*, suivi d'un Infinitif.

RÈGLE 210. Mox OU jamjàm *oppido* potiturus erat.

Être près de ou *sur le point de*, suivi d'un Infinitif, s'exprime aussi par l'Obligatif avec *mox* ou *jamjàm*. EXEMPLE :

Il étoit sur le point de prendre la ville, *tournez*, il devoit bientôt OU déjà prendre la ville.	*Mox* OU *jamjàm oppido potiturus erat* (18).

REM. On peut dire aussi : *In eo erat ut oppido potiretur*

Faire, suivi d'un Infinitif.

Faire, suivi d'un Infinitif, s'exprime de différentes manières. EXEMPLES :

211. Faites-moi savoir, *tournez*, faites en sorte que je sache...,	*Fac ut sciam.*
212. Votre lettre m'a fait connoitre, *tournez*, j'ai connu par...,	*Ex litteris tuis cognovi*
213. Vous me faites mourir, *tournez*, vous me contraignez à mourir,	*Mori me cogis.*
214. Il le fit tuer, *t.*, il ordonna lui être tué,	*Jussit eum occidi.*

215. Cela m'a fait croire, *t.*, cela m'a engagé à croire,	*Id me impulit ut crederem.*
216. Il ne fait que d'arriver, *tournez*, il est arrivé tout à l'heure,	*Modò advenit.*
217. Il ne fait que badiner, *t.*, il badine toujours,	*Perpetuò nugatur.*
218. Se faire donner par force,	*Extorquere.*
219. Faire espérer à quelqu'un, *tournez*, le conduire dans l'espoir,	*Aliquem in spem adducere.*
220. Faire concevoir une bonne opinion de soi,	*Bonam suî*, OU *de se spem concitare.*

RÈGLE 221. *Venir de*, suivi d'un Infinitif.

Il vient de partir, *t.*, il est parti à l'instant,	*Modò profectus est.*
S'il vient à savoir cela, *t.*, s'il sait cela. (Subj.)	*Id si resciverit* (72).

RÈGLE 222. *Ne manquer pas de*, suivi d'un Infinitif.

Je ne manquerai pas de lui écrire, *tournez*, je lui écrirai certainement,	*Ad illum profectò scribam.*
Ne manquez pas de l'avertir, *tournez*, souvenez-vous de...,	*Memento ut illum moneas.*

RÈGLE 223. *Laisser de*, suivi d'un Infinitif.

Quoique je vous attende vous-même, ne laissez pas de donner une lettre,	*Quamquàm* (71) *te ipsum expecto, da tamen epistolam.*

REM. *Laisser*, signifiant *permettre*, s'exprime par *sinere*. Ex.

Laissez-moi partir,	*Sine ut abeam* (18).

RÈGLE 224. *S'occuper à..., savoir..., ne servir qu'à...; se mêler de...*, suivis d'un Infinitif, ne s'expriment pas. EXEMPLES :

Il s'occupe à lire, *t.*, il lit,	*Legit.*
Il sut profiter de cette occasion, *t.*, il profita de...,	*Eâ occasione usus est.*
Cela ne sert qu'à aigrir ma douleur, *tournez*, cela aigrit ma douleur,	*Hoc dolorem meum exulcerat.*

RÈGLE 225. *Se mettre à*, suivi d'un Infinitif.

Il se mit à pleurer, *t.*, il commença à pleurer,	*Flere cœpit.*
Il se mit à parler de nos études,	*De nostris studiis sermonem instituit.*

RÈGLE 226. *Il me tarde de..., je suis dans l'impatience de...*

Il me tarde de vous voir, *tournez*, rien ne m'est plus long que de...,	*Nihil mihi longius est quàm ut te videam.*

RÈGLE 227. *Avoir la force de..., la hardiesse de...*

Avez-vous eu la force de nier cela? *tournez*, vous avez osez nier cela?	*Sustinuisti* OU *ausus es id negare?*

RÈGLE 228. *Avoir le bonheur de..., le malheur de...*

J'ai eu le bonheur de voir le Roi,	*Mihi contigit ut Regem viderem.*
J'ai eu le malheur d'être vaincu,	*Mihi accidit ut vincerer.*

RÈGLE 229. *Avoir lieu de..., sujet de..., raison de...*

Vous n'avez pas lieu de craindre,	*Tibi non est timendi locus (non est quòd* OU *cur timeas).*

RÈGLE 230. *Avoir de la peine à...*

Il a eu de la peine à obtenir cela, *t.*, il a obtenu cela difficilement,	*Ægrè id impetravit.*
Il n'a pas eu de peine à obtenir cela, *t.*, il a obtenu cela facilement,	*Facilè id impetravit.*

RÈGLE 231. *Avoir beau*, suivi d'un Infinitif.

Vous avez beau crier, *tourn.*, vous criez en vain, OU quoique vous criiez,	*Frustrà vociferaris.* *Quamvis vociferêre* (71).

Vous ne sauriez croire.

RÈGLE 232. *Vix* credas OU *vix credideris.*

Le présent et le parfait du Subjonctif s'emploient au lieu de l'imparfait ou Conditionnel présent. EXEMPLES :

Vous ne sauriez croire, *tournez*, il est ainsi que vous croyiez à peine...,	*Vix credas* OU *credideris...*
Vous le prendriez pour un homme sage,	*Eum sapere putes.*

NOTA. On sous-entend *ità est ut*, devant ce Subjonctif. (123. 171.)

A force de...

RÈGLE 233. Multo labore *doctus evasit.*

A force de s'exprime par *multus, a, um*, avec un Nom à l'Ablatif. EXEMPLE :

A force de travailler, il est devenu savant, *tournez*, il est devenu savant par un grand travail,	*Multo labore* (54) *doctus evasit.*

Malgré.

RÈGLE 234. *Id* invitus *fecit.*

Malgré, devant un nom de personne, s'exprime par *invitus, a, um*, que l'on fait accorder avec le Nom. EXEMPLES :

Il a fait cela malgré lui,	*Id invitus fecit.*
Il l'a renvoyé malgré lui,	*Illum invitum dimisit.*
J'ai fait cela malgré lui, *tournez*, lui ne voulant pas,	*Id illo invito feci.*

RÈGLE 235. *Illum*, quamvis clamitaret *interfecit.*

Malgré, devant un nom de chose, se tourne par *quoique*, avec un Verbe. EXEMPLE :

Il le tua malgré ses cris, *t.*, quoiqu'il criât beaucoup,	*Illum quamvis clamitaret*, (71) *interfecit.*

Au haut de... au milieu de... au bas de...

RÈGLE 236. Summa *arbor.*

Le haut, *le milieu*, *le bas*, *le bout*, *le fond*, s'expriment en latin par des Adjectifs qui s'accordent avec le Nom. EXEMPLES :

Le haut de l'arbre,	*Summa arbor.*
Le milieu d'un rocher,	*Media rupes.*
Le bas d'une montagne,	*Imus mons.*
Le bout des doigts,	*Extremi digiti.*
Le fond de la mer,	*Imum mare.*

REM. Les Adjectifs *summus*, *medius*, *imus*, *extremus*, etc. s'emploient substantivement au neutre. Ex.

Au milieu du camp,	*In medio castrorum.*
Jusqu'au fond de la mer,	*Ad imum maris* (2).

FIN DE LA TROISIÈME PARTIE.

LEXIGRAPHIE SUPPLÉMENTAIRE.

NOMS IRRÉGULIERS.

1.re DÉCLINAISON.

1. Les Noms *filia*, *dea*, *mula*, *agna*, *asina*, *anima*, *domina*, *famula*, etc., ont le Datif et l'Ablatif pluriels en *abus*.

2. Les Noms grecs se déclinent ainsi :

Nominatif.	Æneas.	Alcides.	Cybele.
Génitif.	Æneæ.	Alcidæ.	Cybeles.
Datif.	Æneæ.	Alcidæ.	Cybelæ.
Accusatif	Æneam, an.	Alciden.	Cybelen.
Vocatif.	Ænea	Alcide.	Cybele.
Ablatif.	Ænea.	Alcide.	Cybele.

Le pluriel des Noms grecs se décline comme *rosæ*, *rosarum*.

3. *Familia* a le Génitif en *âs* dans *Pater-familias*, *filius-familiâs*, etc.

2.e DÉCLINAISON.

4. *Deus*, *agnus*, *chorus*, ont le Vocatif semblable au Nominatif.

5. Pluriel de *Deus* :

Nominatif.	Dii *ou* Dei.	*Accusatif.*	Deos.
Génitif.	Deorum *ou* Deûm.	*Vocatif.*	Dii *ou* Dei.
Datif.	Diis, Dis *ou* Deis.	*Ablatif.*	Diis, Dis *ou* Deis.

On dit par SYNCOPE, *Deûm*, *Dis*, pour *Deorum*, *Diis*; *nummûm*, *virûm*, etc., pour *nummorum*, *virorum*, etc.

6. *Filius*, *genius*, et les Noms propres en *ius*, comme *Virgilius*, *Antonius*, ont le Vocatif en *i*.

7. Les Noms grecs en *eus*, comme *Orpheus*, *Perseus*, se déclinent ainsi :

Nominatif.	Orpheus.	*Accusatif.*	Orpheum, on, ea.
Génitif.	Orphei *ou* eos.	*Vocatif.*	Orpheu.
Datif.	Orpheo.	*Ablatif.*	Orpheo.

8. Le Nom *Delos* se décline ainsi :

Nominatif.	Delos.	*Accusatif.*	Delum ou on.
Genitif.	Deli.	*Vocatif.*	Dele.
Datif.	Delo.	*Ablatif.*	Delo,

3.e DÉCLINAISON.

9. Le pluriel de *bos* se décline ainsi :

Nominatif.	Boves.	*Accusatif.*	Boves.
Genitif.	Boum.	*Vocatif.*	Boves.
Datif.	Bobus.	*Ablatif.*	Bobus.

10. Les Noms *amussis*, *basis*, *buris*, *cannabis*, *cucumis*, *decussis*, *gummis*, *pelvis*, *ravis*, *sitis*, *tussis*, *vis*, ont l'Accusatif en *im*, et l'Ablatif en *i*.

11. Les Noms de villes en *polis*, comme *Neapolis*, et les Noms de fleuves et de rivières en *is*, comme *Araris*, ont l'Accusatif en *im*, et l'Ablatif en *i*; mais *Araris* a l'Ablatif en *e* ou en *i*.

12. Les Noms *aqualis*, *clavis*, *febris*, *navis*, *puppis*, *restis*, *securis*, *sementis*, *strigilis*, *turris*, ont l'Accusatif en *em* ou en *im*. *Navis* et *puppis* préferent l'Accusatif en *em*; *aqualis*, *febris*, *puppis*, *restis*, *turris*, préfèrent l'Accusatif en *im*. Ces Noms ont l'Ablatif en *i*.

13. Les Noms *amnis*, *avis*, *classis*, *canalis*, *ignis*, *imber*, *unguis*, *suppellex*, *vectis*, ont souvent l'Ablatif en *i*.

14. Les Adjectifs de mois ont l'Ablatif en *i*.

15. Les Noms *hepar*, *jubar*, *far*, *nectar*, ont l'Ablatif en *e*.

16. Les Noms *caro*, *cohors*, *fornax*, *imber*, *linter*, *venter*, *uter*, ont le Génitif pluriel en *ium*.

17. Les Noms *canis*, *juvenis*, *panis*, *vates*, ont le Génitif pluriel en *um*.

18. Les monosyllabes *crus*, *dux*, *flos*, *fraus*, *fur*, *grex*, *laus*, *lex*, *lynx*, *pes*, *Phryx*, *Rex*, *Sphynx*, *sus*, *Thrax*, *vox*, ont le Génitif pluriel en *um*.

19. Les Noms neutres en *ma*, comme *dogma*., ont le Datif et l'Accusatif pluriels en *ibus* ou *is*.

20. Les Noms grecs en *as*, *is*, comme *Pallas*, *Paris*, *Daphnis*, ont quelquefois le Génitif en *os*, et l'Accusatif en *a*.

21. Les Noms grecs *aer*, *crater*, *Macedo*, *heros*, etc., ont l'Accusatif singulier en *em* (ou *a* pour la poésie), et l'Accusatif pluriel en *es* ou *as*.

22. Les Noms grecs en *esis*, *isis*, comme *Thesis*, *Crisis*, se déclinent ainsi :

S. Nominatif.	Thes is.	*Pl. Nominatif.*	Thes es.
Génitif.	Thes is *ou* eos.	*Génitif.*	Thes eon.
Datif.	Thes i.	*Datif.*	Thes ibus.
Accusatif.	Thes im *ou* in.	*Accusatif.*	Thes es.
Vocatif.	Thes is.	*Vocatif.*	Thes es.
Ablatif.	Thes i.	*Ablatif.*	Thes ibus.

23. Les Noms propres de femmes, dérivés du grec et terminés en *o*, comme *Clio*, *Clotho*, ont le Génitif en *ûs*, et les autres cas en *o*.

4.e DÉCLINAISON.

24. *Jesus*, Nom de Notre Sauveur, fait à l'Accusatif *Jesum*, aux autres cas il fait *Jesu*.

25. Les Noms *arcus*, *artus*, *lacus*, *partus*, *portus*, *quercus*, *tribus*, *specus*, *veru*, ont le Datif et l'Accusatif pluriels en *ubus*.

26. Le Nom *domus* se décline sur *dominus* et *fructus*, mais les cas *me*, *mi*, *mu*, *mis*, ne sont pas en usage; cependant on dit *domi*, à la maison (60).

5.e DÉCLINAISON.

27. La 5.e Déclinaison n'a que cinq Noms qui se déclinent au Génitif, au Datif et à l'Ablatif pluriels; savoir : *dies*, *facies*, *progenies*, *species*, *res*.

DU GENRE DES NOMS.

Le genre placé à la tête de chaque modèle de

Déclinaison est celui des Noms qui s'y rapportent. On observera seulement que les modèles *Soror* et *Avis* servent aussi pour les Noms masculins, selon qu'il est indiqué au tableau général des terminaisons.

Voici les exceptions :

1.re DÉCLINAISON.

Boreas, *Cometes*, et autres Noms grecs sont du masculin.

2.e DÉCLINAISON.

Les Noms *alvus*, *domus*, *humus*, *vannus*, et les Noms venus du grec *methodus*, *periodus*, *synodus*, *papyrus*, etc., sont du feminin.

4.e DÉCLINAISON.

Les Noms *acus*, *domus*, *manus*, *porticus*, *tribus*, *idus*, sont du féminin; *specus* est de tout genre.

5.e DÉCLINAISON.

Meridies est du masculin; *dies* est masculin ou féminin au singulier; il est masculin au pluriel.

On observera que la Déclinaison cède à la signification. Ainsi *Poeta* est du masculin parce que c'est un nom d'homme.

GENRE DES INDÉCLINABLES.

Les Noms indéclinables, comme *nihil*, *fas*, *nefas*, *gummi*, sont du genre neutre.

REM. Les lettres, les mots, les Infinitifs et les Adverbes, employes substantivement, sont indéclinables. Ex. *A longum. Pater est dissyllabum. Scire tuum nihil est. Ultimum vale. Clarum mane.*

Du Genre commun et du Genre douteux.

Il y a des Noms dont le Genre est appelé *commun*, parce que ces Noms expriment tantôt un mâle, tantôt une femelle, comme *Civis*, Citoyen, Citoyenne; *Canis*. Chien, Chienne; *Conjux*, Époux, Épouse, *Bos*, Bœuf, Vache.

Il y a aussi des Noms dont le Genre est appelé *douteux*, parce qu'il varie d'après l'usage, comme *Finis*, masculin ou féminin; *Vulgus*, masculin ou neutre.

On appelle *épicènes* les Noms qui, sans changer de Genre, expriment les deux sexes, comme *Lepus*, un Lièvre; *Sorex*, une Souris; *Aquila*, un Aigle.

ADJECTIFS ET ADVERBES DE NOMBRE.

Adjectifs de Nombre cardinaux et ordinaux.

1. Unus, a, um.	1.er Primus, a, um.
2. Duo, æ, o.	2.e Secundus, a, um.
3. Tres, ia.	3.e Tertius, etc.
4. Quatuor.	4.e Quartus.
5. Quinque.	5.e Quintus.
6. Sex.	6.e Sextus.
7. Septem.	7.e Septimus.
8. Octo.	8.e Octavus.
9. Novem.	9.e Nonus.
10. Decem.	10.e Decimus.
11. Undecim.	11.e Undecimus.
12. Duodecim.	12.e Duodecimus.
13. Tredecim.	13.e Decimus tertius.
14. Quatuordecim.	14.e Decimus quartus.
15. Quindecim.	15.e Decimus quintus.
16. Sedecim *ou* sexdecim.	16.e Decimus sextus.
17. Septemdecim.	17.e Decimus septimus.
18. Octodecim *ou* duodeviginti.	18.e Decimus octavus *ou* duodevicesimus.
19. Novemdecim *ou* undeviginti.	19.e Decimus nonus *ou* undevicésimus.
20. Viginti.	20.e Vigesimus.
21. Viginti unus, etc.	21.e Vigesimus primus, etc.
30. Triginta.	30.e Tricesimus.
40. Quadraginta.	40.e Quadragesimus.
50. Quinquaginta.	50.e Quinquagesimus.
60. Sexaginta.	60.e Sexagesimus.
70. Septuaginta.	70.e Septuagesimus.
80. Octoginta.	80.e Octogesimus.
90. Nonaginta.	90.e Nonagesimus.
100. Centum.	100.e Centesimus.
200. Decenti, æ, a.	200.e Ducentesimus.
300. Trecenti, æ, a.	300.e Trecentesimus.
400 Quadringenti, æ, a.	400.e Quadringentesimus, etc.
500. Quingenti, æ, a.	1000.e Millesimus.
600. Sexcenti, æ, a.	2000.e Bis millesimus.
700. Septingenti, æ, a.	3000.e Ter millesimus, etc.
800. Octingenti, æ, a.	
900. Nongenti, æ, a.	
1000. Mille *ou* millia, um.	
2000. Bis mille *ou* duo millia.	
3000. Ter mille *ou* tria millia.	
100000. Centies mille *ou* centum millia.	

Unus, a, um, se décline comme *ipse, a, um*, page 29.

Duo et *ambo*, se déclinent ainsi :

Nominatif.	Duo,	duæ,	duo.
Génitif.	Duorum,	duarum,	duorum.
Datif.	Duobus,	duabus,	duobus.
Accusatif.	Duos, duo,	duas,	duo.
Vocatif.	Duo,	duæ,	duo.
Ablatif.	Duobus,	duabus,	duobus.

Tres, *ia*, se décline sur *fortes*, *ia*, page 11.

Ducenti, et les autres Adjectifs qui expriment *cent*, se déclinent comme *boni*, *æ*. *a*. Le reste, excepté *millia*, est indéclinable.

Adjectifs de nombre distributifs.

Un à un,	Singuli, æ, a.	*Huit à huit*,	Octoni.
Deux à deux,	Bini, æ, a.	*Neuf à neuf*,	Noveni.
Trois à trois,	Terni, æ, a.	*Dix à dix*,	Deni.
Quatre à quatre,	Quaterni, etc.	*Onze à onze*,	Undeni.
Cinq à cinq,	Quini.	*Douze à douze*,	Duodeni.
Six à six,	Seni.	*Treize à treize*,	Deni terni, etc.
Sept à sept,	Septeni.		

Adjectifs de nombre multiplicatifs.

D'une sorte,	Simplex, icis.	*De six sortes*,	Sextuplex.
De deux sortes,	Duplex.	*De sept sortes*,	Septuplex.
De trois sortes,	Triplex.	*De huit sortes*,	Octuplex.
De quatre sortes,	Quadruplex.	*De neuf sortes*,	Novemplex.
De cinq sortes,	Quintuplex.	*De dix sortes*,	Decuplex.

Il y a aussi des Adjectifs de nombre *proportionnels* ; savoir : *simplus*, *duplus*, *triplus*, *quadruplus*, etc.

Adverbes de nombre répétitifs.

1 *fois*.	Semel.	20 *fois*,	Vicies.
2 . . .	Bis.	21 . . .	Vicies semel, bis, etc.
3 . . .	Ter.	30 . . .	Tricies.
4 . . .	Quater.	40 . . .	Quadragies.
5 . . .	Quinquies.	50 . . .	Quinquagies.
6 . . .	Sexies.	60 . . .	Sexagiés.
7 . . .	Septies.	70 . . .	Septuagies.
8 . . .	Octies.	80 . . .	Octogies.
9 . . .	Novies.	90 . . .	Nonagies.
10 . . .	Decies.	100 . . .	Centies.
11 . . .	Undecies.	200 . . .	Ducenties.
12 . . .	Duodecies.	300 . . .	Trecenties.
13 . . .	Tredecies.	400 . . .	Quadringenties.
14 . . .	Quatuordecies.	500 . . .	Quingenties.
15 . . .	Quindecies.	600 . . .	Sexcenties.
16 .	Sexdecies.	700 . . .	Septengenties.
17 . . .	Septendecies.	800 . . .	Octingenties.
18 . . .	Duodevicies.	900 . . .	Noningenties.
19 . . .	Undevicies.	1000 . . .	Millies.

VERBES IRREGULIERS.

Composés de *Sum.*

29. Le Verbe *possum*, *potui*, *posse*, se conjugue ainsi à ses temps présens :

INDICATIF.

1. Possum,	*je puis* ou *je peux.*
Potes,	*tu peux.*
Potest,	*il peut.*
Possumus,	*nous pouvons.*
Potestis,	*vous pouvez.*
Possunt,	*ils peuvent.*
3. Poteram,	*je pouvois*, *etc.*
5. Potero,	*je pourrai*, *etc.*

SUBJONCTIF.

1. Possim,	*que je puisse*, *etc.*
3. Possem,	*que je pusse*, *etc.*

INFINITIF.

1. 3. Posse,	*pouvoir.*

Les temps passés sont réguliers.

30. Le Verbe *prosum*, *profui*, *prodesse*, se conjugue ainsi à ses temps présens :

INDICATIF.

1. Prosum,	*je suis utile.*
Prodes,	*tu es utile.*
Prodest,	*il est utile.*
Prosumus,	*nous sommes utiles.*
Prodestis,	*vous êtes utiles.*
Prosunt,	*ils sont utiles.*
3. Proderam,	*j'étois utile*, *etc.*
5. Prodero,	*je serai utile*, *etc.*

IMPÉRATIF.

Prodes, esto,	*sois utile.*
Prodesto,	*qu'il soit utile.*
Prodeste, estote,	*soyez utiles.*
Prosunto,	*qu'ils soient utiles.*

SUBJONCTIF.

1. Prosim,	*que je sois utile*, *etc.*
3. Prodessem,	*que je fusse utile*, *etc.*

INFINITIF.

1. 3. Prodesse,	*être utile.*

Les temps passés sont réguliers.

Rem. *Adesse*, fait au futur de l'Infinitif *affore* ; *deesse* fait *defore*, d'où se forment *afforem*, *deforem*.

2.e CONJUGAISON.

31. Les temps passés des Verbes *gaudeo*, *soleo*, *audeo*, se conjugnent sur le passif. Ex.

INDICATIF.

2. Gavisus sum,	*je me suis réjoui.*
4. Gavisus eram,	*je m'étois réjoui.*
6. Gavisus ero,	*je me serai réjoui.*

SUBJONCTIF.

2. Gavisus sim,	*que je me sois réjoui.*
4. Gavisus essem,	*que je me fusse réjoui.*

INFINITIF.

2, 4. Gavisus esse,	*s'être réjoui.*

On dit de même : *solitus sum*, j'ai coutume ; *ausus sum*, j'ai osé, etc.

3.e CONJUGAISON.

32. Les Verbes *fido*, *confido*, ont des temps passés de conjugaison passive. Ex.

Fisus sum,	*je me suis fié*, etc.
Confisus eram,	*je m'étois fié*, etc.

Ces Verbes ont aussi les parfaits *fidi*, *confidi*.

33. Le Verbe *fio* se conjugue ainsi à ses temps présens :

INDICATIF.

1. Fio,	*je deviens.*
Fis,	*tu deviens.*
Fit,	*il devient.*
Fimus,	*nous devenons.*
Fitis,	*vous devenez.*
Fiunt,	*ils deviennent.*
3. Fiebam,	*je devenois*, etc.
5. Fiam,	*je deviendrai.*
Fies,	*tu deviendras*, etc.

IMPÉRATIF.

Fi, fito,	*deviens.*
Fitote,	*devenez.*

SUBJONCTIF.

1. Fiam,	*que je devienne.*
Fias,	*que tu deviennes*, etc.
3. Fierem,	*que je devinsse*, etc.

INFINITIF.

1. 3. Fieri,	*devenir.*

Ses temps passés se conjuguent sur le passif :

INDICATIF.

2. Factus sum, *je suis devenu.*
4. Factus eram, *j'étois devenu.*
6. Factus ero, *je serai devenu.*

SUBJONCTIF.

2. Factus sim, *que je sois devenu.*
4. Factus essem, *que je fusse devenu.*

INFINITIF.

2. 4. Factus esse, *être devenu.*

REM. Ce Verbe s'emploie comme passif de *facere*, faire. Ex.

Cela se fait, *Id fit.*
Cela s'est fait, *Id factum est.*

34. Le Verbe *fero*, *tuli*, *latum*, *ferre*, a les temps irréguliers suivans :

INDICATIF.

1. Fero, *je porte.*
Fers, *tu portes.*
Fert, *il porte.*
Ferimus, *nous portons.*
Fertis, *vous portez.*
Ferunt, *ils portent.*

IMPÉRATIF.

Fer, ferto, *porte.*
Ferto, *qu'il porte.*
Ferte, tote, *portez.*
Ferunto, *qu'ils portent.*

SUBJONCTIF.

3. Ferrem, *que je portasse.*

INFINITIF.

1. 3. Ferre, *porter.*

Les temps passés sont réguliers.

REM. Les Verbes *ferre*, *dicere*, *ducere*, *facere*, font à l'Impératif *fer*, *dic*, *duc*, *fac*.

PASSIF DE *FERO*.

INDICATIF.

1 Feror, *je suis porté.*
Ferris *ou* ferre, *tu es porté.*
Fertur, *il est porté.*
Ferimur, *nous sommes portés.*
Ferimini, *vous êtes portés.*
Feruntur, *ils sont portés.*

IMPÉRATIF.

Ferre ou fertor, sois porté.
Fertor, qu'il soit porté.
Ferimini, soyez portés.
Feruntor, qu'ils soient portés.

SUBJONCTIF.

3. Ferrer, que je fusse porté.
Ferreris ou ferrere, que tu fusses porté, etc.

INFINITIF.

Ferri, être porté.

Les temps passés *latus sum*, etc., sont réguliers.

35. Le Verbe *volo*, *volui*, *velle*, a les temps irréguliers suivans :

INDICATIF.

1. Volo, *je veux.*
Vis, *tu veux.*
Vult, *il veut.*
Volumus, *nous voulons.*
Vultis, *vous voulez.*
Volunt, *ils veulent.*

SUBJONCTIF.

1. Velim, *que je veuille.*
Velis, *que tu veuilles.*
Velit, *qu'il veuille.*
Velimus, *que nous voulions.*
Velitis, *que vous vouliez.*
Velint, *qu'ils veuillent.*
3. Vellem, *que je voulusse.*
Velles, *que tu voulusses*, etc.

INFINITIF.

1. 3. Velle, *vouloir.*

Les temps passés sont réguliers.

36. Le Verbe *nolo*, *nolui*, *nolle*, a les temps irréguliers suivans :

INDICATIF.

1. Nolo, *je ne veux pas.*
Non vis, *tu ne veux pas.*
Non vult, *il ne veut pas.*
Nolumus, *nous ne voulons pas.*
Non vultis, *vous ne voulez pas*
Nolunt, *ils ne veulent pas.*

IMPÉRATIF.

Noli, ito, *(ne veuille pas.)*
Nolito, *qu'il ne veuille pas.*
Nolite, itote, *ne veuillez pas.*
Nolunto, *qu'ils ne veuillent pas.*

SUBJONCTIF.

1. Nolim,	*que je ne veuille pas.*
Nolis,	*que tu ne veuilles pas, etc.*
3. Nollem,	*que je ne voulusse pas.*
Nolles,	*que tu ne voulusses pas, etc.*

INFINITIF.

1. 3. Nolle,	*ne vouloir pas.*

Les temps passés sont réguliers.

37. Le Verbe *malo*, *malui*, *malle*, a les temps irréguliers suivans :

INDICATIF.

1. Malo,	*j'aime mieux.*
Mavis,	*tu aimes mieux.*
Mavult,	*il aime mieux.*
Malumus,	*nous aimons mieux.*
Mavultis,	*vous aimez mieux.*
Malunt,	*ils aiment mieux.*

SUBJONCTIF.

1. Malim,	*que j'aime mieux, etc.*
3. Mallem,	*que j'aimasse mieux, etc.*

INFINITIF.

1. 3. Malle,	*aimer mieux.*

Les temps passés sont réguliers.

VERBES DÉFECTUEUX.

38. Les Verbes *memini*, *novi*, *cœpi*, n'ont que des temps passés. Leur signification est celle des temps présens.

INDICATIF.

1. Memini,	*je me souviens.*
Meministi,	*tu te souviens.*
Meminit,	*il se souvient.*
Meminimus,	*nous nous souvenons.*
Meministis,	*vous vous souvenez.*
Meminerunt, ère,	*ils se souviennent.*
1. Memineram,	*je m'étois souvenu.*
Memineras,	*tu t'étois souvenu, etc.*
5. Meminero,	*je me souviendrai.*
Memineris,	*tu te souviendras, etc.*

SUBJONCTIF.

1. Meminerim,	*que je me souvienne.*
Memineris,	*que tu te souviennes, etc.*
3. Meminissem,	*que je me souvinsse.*
Meminisses,	*que tu te souvinsses, etc.*

INFINITIF.

1. 3. Meminisse, *se souvenir.*

1.re REM. *Memini* fait à l'Impératif *memento*, *mementote*, souviens-toi.

2.e REM. *Cœpi* a souvent la signification des temps passés. Ex.
Il commença a dire, *Cœpit dicere.*

3.e REM. *Odi*, je hais, se conjugue sur *memini;* il a pour temps passés *osus sum*, *osus eram*, etc.

39. Le Verbe *Aio* a les personnes qui suivent :

INDICATIF.

1. Aio, *je dis.*
Ais, *tu dis.*
Ait, *il dit.*
Aiunt, *ils disent.*
2. Aisti, *tu as dit.*
Aistis, *vous avez dit.*
3. Aiebam, *je disois.*
Aiebas, *tu disois*, etc.

IMPÈRATIF.

Ai, *dis.*

SUBJONCTIF.

1. Aias, *que tu dises.*
Aiat, *qu'il dise.*

PART. PRÉSENT. Aiens, tis, *disant.*

40. Le Verbe *Inquam* a les personnes qui suivent :

INDICATIF.

1. Inquam, *dis-je.*
Inquis, *dis-tu.*
Inquit, *dit-il.*
Inquimus, *disons-nous.*
Inquitis, *dites-vous.*
Inquiunt, *disent-ils.*
2. Inquisti, *as-tu dit.*
Inquit, *a-t-il dit.*
Inquistis, *avez-vous dit.*
3. Inquiebat, *disoit-il.*
Inquiebant, *disoient-ils.*
5. Inquies, *diras-tu.*
Inquiet, *dira-t-il.*

IMPÈRATIF.

Inque, inquito, *dis.*

SUBJONCTIF.

1. Inquiat, *qu'il dise.*

REM. Les Verbes *Possum*, *Volo*, *Malo*, n'ont point d'Impératif.

FIN DE LA LEXIGRAPHIE SUPPLÉMENTAIRE.

TABLE DES MATIÈRES.

NOTA. Dans la Lexigraphie, le chiffre indique la *page*; dans la Syntaxe et la Méthode, il indique la *règle*.

LEXIGRAPHIE.

SYNTAXE.

MÉTHODE.

LEXIGRAPHIE SUPPLÉMENTAIRE.

F I N.

www.ingramcontent.com/pod-product-compliance
Ingram Content Group UK Ltd.
Pitfield, Milton Keynes, MK11 3LW, UK
UKHW020558180726
13838UKWH00001B/313

9 782329 071923